三聯人文書系

陳平原　主編

長治與久安

周振鶴　著

JPC HK

三聯人文書系

主　　編　陳平原

責任編輯　常家悅

書籍設計　陳嬋君

書　　名　長治與久安

著　　者　周振鶴

出　　版　三聯書店（香港）有限公司

香港北角英皇道四九九號北角工業大廈二十樓

Joint Publishing (H.K.) Co., Ltd.

20/F., North Point Industrial Building,

499 King's Road, North Point, Hong Kong

香港發行　香港聯合書刊物流有限公司

香港新界大埔汀麗路三十六號三字樓

印　　刷　美雅印刷製本有限公司

香港九龍觀塘榮業街六號四樓A室

版　　次　二〇一六年四月香港第一版第一次印刷

規　　格　大三十二開（141×210 mm）二一六面

國際書號　ISBN 978-962-04-3935-3

總序

陳平原

老北大有門課程，專教「學術文」。在設計者心目中，同屬文章，可以是天馬行空的「文藝文」，也可以是步步為營的「學術文」，各有其規矩，也各有其韻味。所有的「滿腹經綸」，一旦落在紙上，就可能或已經是「另一種文章」了。記得章學誠說過：「夫史所載者，事也；事必藉文而傳，故良史莫不工文。」我略加發揮：不僅「良史」，所有治人文學的，大概都應該工於文。

我想像中的人文學，必須是學問中有「人」——喜怒哀樂，感慨情懷，以及特定時刻的個人心境等，都制約着我們對課題的選擇以及研究的推進；另外，學問中還要有「文」——起碼是努力超越世人所理解的「學問」與「文章」之間的巨大鴻溝。胡適曾提及清人崔述讀書從韓柳文入手，最後成為一代學者；而歷史學家錢穆，早年也花了很大功夫學習韓愈文章。有此「童子功」的學者，對歷史資料的解讀會別有會心，更不要說對自己文章的刻意經營了。當然，學問千差萬別，文章更是無一定之規，今人著述，盡可別立新宗，不見得非追韓摹柳不可。

錢穆曾提醒學生余英時：「鄙意論學文字極宜着意修飾。」我相信，此乃老一輩學者的共同追求。不僅思慮「說什麼」，還在斟酌「怎麼說」，故其著書立說，「學問」之外，還有「文章」。當然，這裡所說的「文章」，並非滿紙「落霞秋水」，而是追求佈局合理、筆墨簡潔，論證嚴密；行有餘力，方才不動聲色地來點「高難度動作表演」。

與當今中國學界之極力推崇「專著」不同，我欣賞精彩的單篇論文；就連自家買書，也都更看好篇幅不大的專題文集，而不是疊床架屋的高頭講章。前年撰一《懷念「小書」》的短文，提及「現在的學術書，之所以越寫越厚，有的是專業論述的需要，但很大一部分是因為缺乏必要的剪裁，以眾多陳陳相因的史料或套語來充數」。外行人以為，書寫得那麼厚，必定是下了很大功夫。其實，有時並非功夫深，而是不夠自信，不敢單刀赴會，什麼都來一點，以示全面；如此不分青紅皂白，眉毛鬍子一把抓，才把書弄得那麼臃腫。只是風氣已然形成，身為專家學者，沒有四五十萬字，似乎不好意思出手了。

類似的抱怨，我在好多場合及文章中提及，也招來一些掌聲或譏諷。那天港島聚會，跟香港三聯書店總編輯陳翠玲偶然談起，沒想到她當場拍板，要求我「坐而言，起而行」，替他們主編一套「小而可貴」的叢書。為何對方反應如此神速？原來香港三聯書店向有出版大師、名家「小作」的傳統，他們現正想為書店創立六十週年再籌劃一套此類叢書，而我竟自己撞到槍口上來了。

記得周作人的《中國新文學的源流》一九三二年出版，也就五萬字左右，錢鍾書對周書有所批評，但還是承認：「這是一本小而可貴的書，正如一切的好書一樣，它不僅給讀者以有系統的事實，而且能引起讀者許多反想。」稱周書「有系統」，實在有點勉強；但要說引起「許多反想」，那倒是真的——時至今日，此書還在被人閱讀、批評、引證。像這樣「小而可貴」、「能引起讀者許多反想」的書，現在越來越少。既然如此，何不嘗試一下？

早年醉心散文，後以民間文學研究著稱的鍾敬文，晚年有一妙語：「我從十二三歲起就亂寫文章，今年快百歲了，寫了一輩子，到現在你問我有幾篇可以算作論文，我看也就是有三五篇，可能就三篇吧。」如此自嘲，是在提醒那些在「量化指標」驅趕下拚命趕工的現代學者，悠着點，慢工方能出細活。我則從另一個角度解讀：或許，對於一個成熟的學者來說，三五篇代表性論文，確能體現其學術上的志趣與風貌；而對於讀者來說，經由十萬字左右的文章，進入某一專業課題，看高手如何「翻雲覆雨」，也是一種樂趣。

與其興師動眾，組一個龐大的編委會，經由一番認真的提名與票選，得到一張左右支絀的「英雄譜」，還不如老老實實承認，這既非學術史，也不是排行榜，只是一個興趣廣泛的讀書人，以他的眼光、趣味與人脈，勾勒出來的「當代中國人文學」的某一側影。若天遂人願，舊雨新知不斷加盟，衣食父母繼續捧場，叢書能延續較長一段時間，我相信，這一「圖景」會日漸完善的。

最後，有三點技術性的說明：第一，作者不限東西南北，只求以漢語寫作；第二，學科不論古今中外，目前僅限於人文學；第三，不敢有年齡歧視，但以中年為主——考慮到中國大陸的歷史原因，選擇改革開放後進入大學或研究院者。這三點，也是為了配合出版機構的宏願。

二〇〇八年五月二日

於香港中文大學客舍

目錄

前言……001
中國歷史上中央地方關係變遷概說……007
縣制起源三階段說……041
從漢代「部」的概念釋縣鄉亭里制度……065
《聖諭》、《聖諭廣訓》及其相關文化現象……083
作者簡介……203
著述年表……204

前言

歷來的統治者都追求長治久安的目標，自中國歷史上的第一個皇帝開始，即思萬世延續的統治，但結果二世而亡。後來者自然要吸取教訓，雖不能萬世，也要盡量能夠長期延續一姓的統治。不過結果總是與人的願望不一致，唐代最長也不足三百年，其中大半的時間裡實際上已經不是完整的帝國，而有過所謂康乾盛世的清朝也不過只延續了兩百八十年不到。然而，就整個中華民族的體系而言，卻在不斷打破久安的情況下，總體上保持了長治的過程。這個長治的秘訣就在於制度的設計。

中國自秦朝以後實行的政治制度是皇權專制的中央集權制，也就是毛澤東所言的百代皆行秦政制。秦政制的基本特點是收地方之權力歸中央，收中央之權力於一人。前一個特點可以說自秦代就基本完成了，其後只是在歷史的反覆中不斷改善，而到宋朝以後則達於完善，於是除非是農民起義，地方政權從此不能再顛覆中央統治，國家再未出現過分裂局面。秦代所謂有叛人無叛將就是這個意思，但實際上真正做到這一點是在宋代以後。後一個特點則經過一千多年的完善，到明代初年宰相職位被撤銷之後也基本完成，而後更進一步，到清代雍正年間連內閣的權力也被削去，最終達於「唯以一人治天下」的局面。本書的首篇文章〈中國歷史上中央地方關係變遷概說〉，就是試圖以最簡短的文字總結一下兩千年來中央集權的基本過程，並對這一過程為何如此發生，做一點最簡單的詮釋。這篇文章的前提是我的兩本專著，一是《中華文化通志·地方行政制度志》（後來以《中國地方行政制度史》重版），另一是《體國經野之道》。當然這篇文章裡也有這兩本書裡所未提到的內容。

表面上看來，似乎制度的選擇只是統治者個人的願望而已，因為《史記》載秦始皇統一四海以後，接受李斯的意見，「分天下為三十六郡，郡置守、尉、監」。而不採取丞相王綰等大多數人分封子弟為諸侯的建議。更早的時候，戰國時期秦國實行變法，秦孝公也是採納商鞅的主張，集小鄉聚為縣，早就建立了一國之內的中央集權制度。秦國的置縣方式與春秋戰國之際趙韓魏三家瓜分原晉國另三家諸侯之田為縣的做法有所不同，也與楚國滅小國為縣的行為有異。但若究其實，中央集權制的選擇不單只是主觀願望，也是一種客觀趨勢，一個小農經濟社會必然要有一個與之相應的政治制度，這個制度最合適的是集權制而不是封建制。商鞅變法就是秦國的小農經濟發展的典型，以順應社會發展潮流方式由封建制改為集權制。待到秦統一海內之後，再將這種制度全面推行於天下而已。

郡縣制的形成是中央集權形成的表徵，也是這一制度形成的關鍵。從封建制到集權制是中國歷史的一大變局，但奇怪的是關於中國歷史的通史或專史著作無人對這一制度的形成過程有過詳細的論證。郡縣制形成於春秋戰國之際，但無論是斷代的春秋史還是戰國史也都沒有詳細論及其過程。大約因為這一過程既是自然而然的，又是文獻不足徵的，所以難於定論，即有提及者，表面上似在談郡縣制的產生，實質上只是在討論縣與郡何時出現，甚至實質上只是在談縣與郡這兩個字什麼時候出現於載籍或器物上。然而，理解郡縣制的產生過程實際上就是解開中央集權制何以產生的關鍵，必須予以重視。從歷史上看來，集權制是自下而上產生的。先有最基層的政區縣，這些縣由國君親自控制，而不像封建制那樣實行委託統治，與縣同時產生或稍後而有郡（按：目前對郡制的產生還不太明確，有待於今後考古資料的補充），於是封建形態的天下—國—家的三層分權組織就演變成了天下（國家）—郡—縣一系的集權組織。但是如果具體而言，縣究竟是如何產生的？為何縣的產生就標誌着集權社會的形成，這就是我在本書中〈縣制起源三階段說〉一文裡想要解決的問題。這篇文章的考證結果現在基本上為學術界所接受，但我自己認為，到目前為止，這個考證依然只是假說狀態，希望能為將來出土文獻所證實。

縣是基層的政區，縣以下是鄉亭里聚等更小的行政基層組織，國家的行政末端基本上到縣為止，縣以下則並有行政與自治混合的性質。西漢一代很重視鄉的自治作用，但由於資料不足，我們很難理解史籍當中出現的「十里一亭，十亭一鄉」與「十里一鄉」這兩種表面看起來矛盾的記載。本書中〈從漢代「部」的概念釋縣鄉亭里制度〉一文，就是為了解決這個看似矛盾的記載而作的。這也是另一個考證難點，國內外的學者在過去一百年，發表了許多文章討論這個問題，尋求一個最合理的解釋。大概到這篇文章發表以後，可算告一段落。但我也依然希望有進一步的批評或推進。通過這個考證，我們還會注意到實際上，中國歷史還體現出另一個特點，即國家空間很大，而社會空間很小。雖然國家的行政末端按理只到縣為止，但實際上還向下延伸到了鄉里。鄉里雖然有鄉三老一類人司教化工作，但同時也有鄉部亭部等地域組織以監察一般人的行為，務使編戶齊民能夠中規中矩地生活。

國家是一個組織，組織也是一種技術，如何組織起來，如何進行運作，完全是一個技術改進過程，在中國尤其如此。這種「技術」要用來對付多數人，則須有普遍性和知識性，而不能僅靠私密的權術。傳統的統治權術需要披上一件知識的外衣，讓人人都懂得，不僅君主需要這個強權的國家，臣民也需要國家強大有力，以維護自己的利益。國家保護在其治下臣民的既得利益不被他人隨意剝奪，於是國家中的臣民才能安居樂業。所以長治久安不但是統治者的願望，在中國也成為老百姓的願景。所謂「寧為太平犬，不為亂離人」，最深刻地體現了中國被統治者的這種願景。而中國的帝王從來就被賦予兩種最重要的使命，即所謂「作之君，作之師」。君的作用是統治，師的作用是教誨。統治的技術與教誨的內容一直是不斷改進與提高的，這兩方面的變遷構成了中國歷史發展的主線。

雖然「長治久安」是一個成語，但細說起來，「長治」主要是偏於上，而「久安」則偏於下。人主不但從上往下考慮如何能夠長治，也從下往上，細思如何能讓百姓久安。久安的基礎除了要滿足基本生活需求以外，還要加以自上而下的教育，要求老百姓遵守最基本的生活規範，以防社會發生動亂，影響王朝的長治。上面已經說到，漢代的鄉三老就負有教化之責。漢以後歷代也有一些基本規範要百姓遵守，而直到明代，則由朱元璋正式提出六條要求，利用鄉間的長老按此要求規範百姓的行為。到了清代，明代六諭發展為康熙的十六條聖諭，並且貫徹實行於二百年間。這十六條聖諭的貫徹過程我過去絲毫沒有注意到，直到上世紀末一次偶然的機會看到一些舊書，才知道原來過去的社會曾經發生過的一些司空見慣的事，於今人而言竟是十分的隔膜，既是隔膜，也就對切近自身的現象——如「文革」時期的「天天讀」感到不解。於是在其後的十數年間，盡力搜尋有關十六條聖諭的材料，彙集為一部書，並為之寫了長達六萬餘字的前言，這就是本書最後一篇文章〈《聖諭》、《聖諭廣訓》及其相關文化現象〉的由來。

這樣四篇文章組成本書，在風格上似乎有點不搭。中間兩篇是純粹的考證文章，而開頭是概述性總結性的文字，最後一篇則以材料和分析為主。但如果從長治久安的角度去看，似乎也能放在一起，因此起了這個書名：長治與久安，以供讀者批評。

最後，還想贅言一點，西方人對中國的歷史實在是十分隔膜，直到十九世紀，極端的西方學者所寫的世界史還只包括希臘羅馬與中東而已。明智如馬克思，對於中國的歷史也未深論，而以「亞細亞生產方式」以概括之。二十世紀雖然有號稱「放之四海而皆準」的社會發展五個階段論，無奈衡之中國，則全然卯榫不對。即使中國有所謂前資本主義社會存在，那麼那個社會也絕不是什麼封建社會，而只是一個專制集權社會。歷史並非自然科學，有規律可循，有週期可尋。不同環境下產生的不同制度，其發展歷程與結果是否有統一的規律可尋尚未可知。所以中國自有中國的歷史，西方自有西方的歷史，不必用同一個模型來解釋。

美國政治學者福山說：「歷史，就哲學的意義而言，的確是一種發展，或曰進化，或曰現代化，即制度（institutions）的現代化。」視歷史為進化非自福山始，黑格爾早就這樣看，所以認為中國只有王朝的更迭，而無歷史。這是以西方標準來看待中國歷史的緣故。中國歷史的變遷乃在於長治久安局面的不斷被打破，而後又不斷被重構。也就是不斷地改進國家組織以及教育安定百姓的工作，從而使長治久安的局面得以重複出現。按照霍布斯的理論，國家是一個按照「知識」原則建立起來的「組織」。而在中國，國家是一個由技術程序建立起來的組織。這種技術在不斷改進，歷史也就發生了中國式的變化，不必與西方的歷史相同。

中國歷史上中央地方關係變遷概說

引言

中央地方關係是政治學與歷史學有時還牽涉到經濟學、地理學的一個重要研究課題，這一課題的研究將有助於理解中國歷史上中央地方關係的淵源所自以及發展變遷經過。但是，在過去，這一課題始終未曾引起過重視。無論政治學家或歷史學家，其相關的研究重點都在於政治制度史，而且多側重於中央制度方面，地方制度很少寓目，至於兩者之關係則乏人問津。近幾年來，中央地方關係研究已經引起一些政治學者與歷史學者的注意，説明大家已經理解到這一研究的重要性。但是就目前而言，關於中央地方關係的研究還處在初步階段，因為這一研究必須牽涉到大量具體而微的史學考證，而且是一項綜合的研究工作，至少包含三方面的內容，即：行政區域劃分、地方政府結構與地方官員設置、以及中央政府對地方政府的具體控制措施與管理方法。這其中每一方面的研究都具有特別的專業性，不是輕而易舉的事，因此本文只是筆者多年研究之後的提綱挈領的認識，而不是全面的研究成果。

中國在歷史上長期是一個單一制的中央集權制國家。在秦代以來的兩千多年時間裡，中央與地方的行政關係經過不斷的調整，對於前資本主義社會而言，既取得了極其豐富的歷史經驗，也出現了多次反覆的歷史教訓。在新中國建立後的五十年間，中央地方關係也同樣經歷過一再調整，其主要特點是集權與放權的多次反覆，反覆的原因與結果竟然是一樣的，因為集權過甚，一統就死，只能下放權力，然而一放就亂。於是再度集權，而後再度放權。週而復始，走不出這個怪圈。在計劃經濟階段，這樣的反覆已經引起國民經濟發展緩慢甚至遲滯不前，在社會主義市場經濟的新形勢下，中央與地方的關係顯得更加重要，如果處理不好，很可能對國民經濟的運轉產生不良影響。本文即在於分析歷史上中央地方關係變遷的過程與特點，側重於行政關係的分析，以有助於促進相對合理的中央地方關係的建立。

中央地方關係體現在政治（包括立法、行政、司法權力的分配，但主要是行政權）、經濟（主要是財政權）、軍事（主要是軍隊指揮權）等方面，但核心在政治方面。中央與地方行政關係的核心是行政權力的分配問題，其次是雙方的職能配置。在世界各國，中央與地方之間的權力分配有幾種不同的方式，這種不同首先取決於國家的體制究竟是聯邦制還是單一制。在聯邦制國家中，州一級政府具有相對獨立的權力，聯邦政府與州政府之間是適度的分權關係。州政府的權力不是由聯邦政府授予，而是由聯邦政府的權力切割而來。聯邦制國家往往是先有地方政府才有中央政府，所以中央與地方的權力是在一定契約上的分配。在單一制國家中，是先有中央政府，然後才在由中央劃定的行政區域中設置地方政府，因此地方政府的權力往往是由中央所授予，而其中又各有不同情況。在英國，地方政府取得中央政府所讓渡的部分權力；在法國，則一切權力歸屬中央政府，地方政府只是在中央政府的集權領導下分擔自己應做的工作而已。所以有人稱英國地方政府是分權式政府，而法國地方政府是分工式政府。中國在歷史上是一個高度中央集權的國家，中央集權的形成從春秋戰國之際算起已有二千五百年以上。為了充分理解中央集權利弊相乘的特點，我們應該首先回顧中央集權產生與發展的歷史。

第一部分　歷代中央地方關係變遷過程

在商與西周時期，集權社會尚未產生。商王與周天子將土地分封給親戚與有功之臣，以建立諸侯國，這就是所謂「封邦建國」，簡稱「封建」。但在分封以後，王朝與諸侯國之間的關係，並不完全是中央與地方的關係，而是各自為政的關係。就西周而言，諸侯對周天子只負有朝覲、進貢與助征伐的義務，至於諸侯國內的行政事務則與天子無涉，周天子所直接管轄的地域範圍只是王畿而已。如果勉強將周王的朝廷與諸侯國的朝廷看成中央與地方的關係的話，那麼兩者之間至多也是保持有政治關係而不是行政關係。除了周天子可以分封諸侯外，諸侯還可進一步將自己的封域分封給大夫，這一過程稱為「立家」。家也有一個小朝廷，也在一定的地域範圍內行使行政權力，這個地域在行政上也與諸侯無關。因此西周時期的層層分封在地域方面形成了天下、國、家的概念，但這些層面之間並非中央與地方之間的關係。

中央地方兩相對立並出現明確的行政關係，是在春秋後期。其時重要的一些諸侯國在幾個方面發生了重要的變化，一是在戰爭中消滅小國，並以之為縣（以楚國為典型）；二是將原來諸侯分封給大夫的私邑改造為縣（以晉國為標誌）；三是集合小鄉聚為縣（以秦國為始創）。這三種方式是形成縣制的主要形式。新出現的地方組織——縣，由諸侯國的國君親自管理，並不分封給大夫，這一新制度標誌着中央集權方式的出現。隨後郡也在各國的邊地產生，起先郡與縣之間沒有統轄關係，後來發展為以郡統縣，形成與封建制相對立的郡縣制。這標誌着地域性的中央集權制國家已經普遍建立起來。郡縣制最主要的特點是，國君通過自己任命的官員直接統治地方（郡或縣），中央與地方形成行政關係，地方的一切權力來自於國君的授予。

從春秋戰國之際到秦始皇統一天下，並把郡縣制推行到全國範圍內，經過了大約五百年的時間，因此中國中央集權制國家的形成具有深厚的歷史背景與堅實的社會基礎。戰國時期的七雄之中，只有齊國未曾建立郡縣制。為何大部分諸侯國都殊途同歸，走上了中央集權的道路，這是很耐人尋味的。這說明中央集權的產生與農業生產方式之間存在密切的關係，因為恰恰是以工商經濟為重要支柱的齊國未曾建立郡縣制。這個問題不在本文範圍之內，所以此處不展開討論。

從實質上說來，所謂中央集權制指的是中央政府和地方政府的一種分權形式。中央政府把全國領土劃分成不同層級的行政管理區域，在各個區域內設置地方政府，並分配或授於地方政府以一定的行政、軍事、財政、司法等權力。在中國古代，郡與縣就是兩級行政區域的名稱。秦始皇二十六年統一天下，分全國為三十六郡，郡置守、尉、監，這是一個標誌性的年代與一個標誌性的事件，全國範圍內的中央與地方關係從此開始。

一、秦漢時期的中央地方關係

秦代是高度中央集權體制在全國範圍內推行之始。秦代地方制度的特點是廢除一切封邑，由中央直接管理地方。可以説中國地方制度的基本原則在秦代已經確定，而後遵行千百年不改其實質。秦代中央地方關係最主要的特點有：（一）行政區劃層級只分郡縣兩層，層級少，政令容易下達，下情容易上達，便於中央政權直接控制地方；（二）地方官員由皇帝直接任命與撤換；（三）對地方官員有嚴格的監察制度，每郡設監御史，以司監察之職。

這些特點使秦代出現「自天子而外，無尺寸之權（中央群臣無權），一尊京師（地方無權），而威服天下」的局面。雖然秦代二世而亡，但並非中央集權之過，而是苛政所致。

西漢初年由於皇帝依靠群臣取得天下，不得不在部分地區，建立與商周時期實質不同而形式相似的封國制度，以分賞有功之臣。而在主要功臣清除完畢以後，又以皇子代替這些功臣，成為地方上的最高權力代表。漢初封國制度有兩種表現形式，一是在中央與郡縣之間加入諸侯王國一層地方區劃；二是設置與縣相當的侯國。諸侯王國與侯國都具有相對的獨立性，可以自置一定級別的官員，可以收取一定比例的賦稅與田租，也就是說在行政上與經濟上有一定的分權。但這種權力顯然有礙中央集權，因此不斷被削奪，直至名存實亡。西漢中期以後，王國與侯國的名義仍存，但諸侯王與列侯的特權已經基本取消，地方制度又回到實質上的郡縣制（雖然名義上是郡國並行制，即與郡平行的還有諸侯王國）。

西漢在加強中央集權方面還有兩個措施。一是縮小郡的幅員，二是建立有效的監察體系。郡的幅員小，郡的長官——太守的權力就受到限制；秦代雖然每郡設監察御史，但漢代擔心監察官與地方行政官員同處一郡，會有所牽連，因此將全國分成十三刺史部（後來在京畿地區又設司隸校尉部，作用與刺史部同），各部置刺史以監察部內各郡太守。刺史品秩比郡太守低，這種以小官監察大官的做法，行之有效，保證中央嚴密地控制地方。此外，還嚴格實行了上計制（地方按時向中央述職，並報告地方收入）、職務迴避制（本地人不在本地當官）等防止地方官權力坐大的制度。以後東漢也全盤繼承了這些制度。

兩漢時期雖然嚴密控制地方，但對於地方官仍給予較大的自主權，如郡太守作為一郡的行政長官，不但具有行政全權，而且還集司法、財政、銓敘、軍事權力於一身。司法權力不必說，這是大部分朝代地方官兼有的權力。其他權力在漢代明顯比後代為重。後來的朝代先是行政與軍政分開，後來是財政與行政分離，有的朝代甚至將高層政區的司法權也游離出來，另設官員司其職。

二、魏晉南北朝時期的中央地方關係

漢代十三州刺史部的建立雖然有利於監察高級地方官員，但各部的地域一經劃定，刺史職務一旦長期擔任，就有可能向地方官員轉化。東漢末年，地方多事，州刺史品秩升至與郡太守同級，以便在大範圍內實現治安職能。於是州成為政區，刺史成為地方官。州的地域範圍遠遠大於郡，刺史又集政、財、軍大權於一身，地方權力過於膨脹，中央權力被嚴重削弱，形成軍閥割據的局面。隨之而來的魏晉南北朝時期一直是分裂割據、戰爭頻仍的局面。在戰爭時期，地方官常有便宜從事的權力，容易形成地方分權較強的形勢。與此同時，從東漢末年已經形成的州郡縣三級制又因管理層級增加，上下阻隔較大，更使中央集權有所削弱。更有甚者，除了正式的州郡縣三級政區以外，在州以上還有都督區存在。都督區一般是管轄幾個州範圍的軍區，都督原是掌握軍權的職務，在此時又兼所在州的刺史，並且管轄都督區內的軍政事務。在西晉，都督一般都由宗室或皇子擔任，其權力更大。所以魏晉南北朝時期大體是一個弱中央強地方的時期。

除了地方長官權力過大以外，地方豪強的大土地佔有方式與門閥世族勢力相結合，不但把持地方權力，而且通過各種途徑進入高層地方官府，使地方分權越發嚴重。這一點與兩漢時期不同，其時打擊豪強勢力是官府的重點工作，並以此來抑制地方勢力的惡性膨脹。中央集權在魏晉南北朝時期的弱化，還體現在行政權力由於政區猥多而出現的權力分散。南北朝時期由於南北長期處於軍事對峙形勢下，雙方的中央政府不得不劃分越來越多的政區，設置越來越多職位（州刺史、郡太守與縣令長）以報功酬庸（即酬報對方來降的官員將領）。南北朝後期政區竟然膨脹到數百州、近千郡、二三千縣的混亂程度。在這種情況下，中央政府如何能夠治理與控制地方？這一時期的地方分權，各自為政的局面已經達到不可收拾的地步。

三、隋唐時期的中央地方關係

隋代重新統一天下，立刻採取措施恢復中央集權。這些措施主要如下：改革地方政府結構。具體而言是取消郡級政區，使州郡縣三級地方政府重新簡化為州縣兩級，以提高效率與加強中央對地方控制。隋煬帝時又將州縣兩級改為郡縣兩級，並把郡的幅員劃得比南北朝時期要大。因為政區幅員與數量成反比，幅員太小，必然要增加政區數目，造成職務增加，不利於集權。但比起秦郡與漢郡來，隋郡依然不大。因為政區幅員過大，則擔心地方官員權力太大，而增加離心傾向。接着又取消地方官對僚屬的銓敘權。漢代地方官員可以自辟僚佐，容易產生拉幫結派的弊病。隋代則「六品以下官吏，咸吏部所掌」，「海內一命以上之官，州郡無復辟署」。同時又實行兵民分治，府兵軍權全歸中央，地方官員不掌握軍隊，只掌握府兵的墾田籍帳，消除地方分權勢力的經濟基礎。

唐代行政區劃承隋而來，只設兩級政區，但州劃得比隋郡還小，雖大大增加了中央政府的管理幅度，但卻進一步消除了地方產生割據的物質基礎。

在秦漢時期，行政官員一般只分地方官員與中央官員，在兩者之間的臨時派出官員主要是監察官員，而不是行政官員。但在唐代，這種情況發生變化，將使職與差遣制度普遍化了。唐代以前大體上職與官不分離，一職一官。唐代起，職與官開始分離。許多工作是臨時性的，以使職去執行，工作結束，這一職務也就撤消。這種差遣性的工作越來越頻繁，以至後來有些固定的工作也不設置固定的職位，不任命固定的官員，而以使職充任。這是中央政府防止地方官員長期掌握某種重要權力而形成過強地方分權的措施。譬如轉運使，負責財賦的轉運，工作極為重要，如果長期固定職位與官員，會使此職務權力難以約束。

在具體的運作方面，唐代中央政府對地方政府採取了一系列有關的措施：

建立朝集制度。這是上計制度之外的新舉措。上計制度自戰國後期出現，是中央集權國家出現的標誌之一，秦代以後繼續奉行。唐代規定：「尹、少尹、別駕、長史、司馬……歲終則更入奏上計。」這是每年一度的常規。朝集使的主要任務則是上京述職並回地方傳達重要詔令。朝集使由都督和州級政府首長或副手擔任，據《唐六典》載：「凡天下朝集使皆令都督、刺史及上佐（地方高級官員）更為之。」朝集使晉京是每年十月，與上計吏不同。上計一般由地方負專門職能的地方官員擔任，朝集使則是地方政府的首長。朝集使的召集是中央集權發達的標誌，這是模仿周代諸侯的朝覲制度而來，反映唐朝興盛時期皇帝躊躇滿志，欲與三代比隆的心情。安史之亂以後，中央集權削弱，中央政府無力年年召集朝集使，曾有幾度暫行停止朝集使的命令。朝集使是中央政府定期了解下情，以便調整地方政策的重要中介。

完善選官制度。中央對地方官的任命十分重視。地方官以州刺史（或牧——與州同級的府的長官）、縣令為主，在邊境地帶或特殊地區還有都督、都護等官，這些官員若三品以上，則由皇帝親自任命，四品五品由宰相提名報皇帝任命，六品以下由吏部報門下省任命。但實際上為了保證吏治清明，並有效地控制地方，皇帝常常直接任命低級的地方官員。

制定地方行政組織的等第，以便官員升遷有序。秦漢時期的縣只有大小縣之分，等第不顯著。隋代已有所改進。到唐代則更完善這一制度。唐初，「州縣混同，無等級之差，凡所拜授，或自大而遷小，或始近而後遠，無有定制。其後選既多，敘用不給，遂累增州縣等級之差」。這些等級之差就是將縣分為赤、畿、望、緊、上、中、下，將州分為輔、雄、望、緊、上、中、下諸等，這是唐代地方行政制度改革的一個重要舉措。

嚴密考核制度，地方官的政績由皇帝直接掌握。同時還有監察官員經常往返於中央與地方之間，隨時將地方官員的治績或過失向中央彙報，以便做出獎懲決定。監察制度原來是依靠流動的監察官員來維持，後來逐漸將監察官員固定於一定的地域範圍，這個範圍稱為「道」，監察官員稱為「觀察使」。

唐代後期，情況發生很大變化。安史之亂不但將唐代劃成前後兩個制度截然有別的時期，實際上還將中國古代劃成前後兩個不同時期。唐後期在中央地方關係方面發生了如下的變化：地方政府結構由二級變為實際上的三級。維持二級地方政府一直是中央集權追求的目標，但在安史之亂發生以後，中央政府不得不在各地設立能夠掌控幾州地域的軍政、民政、財政大權的節度使、觀察使，以便儘快平息叛亂。在法律上，這些節度使、觀察使並非正式地方官員，但在實際上他們卻凌駕於州刺史之上，成為一級實際上的地方官員。他們的管轄區——方鎮（或稱藩鎮）和道也逐漸演變為州以上一級政區。唐後期的法律仍然強調州有直達中央的權力，但實際上這一權力往往被更有實力的節度使所扼制。中央集權因為政府結構的變遷而大大削弱。

中央財政權的弱化。唐前期，各級地方政府只有徵收財稅的權力，而無自主支用稅收的權力，一切支出均由中央政府籌劃。唐後期，擁有軍權的藩鎮也要求分掌財權，稅收制度從租庸調制改為兩稅制。州縣開始有制稅權，與此同時，藩鎮向中央爭奪財稅收入，其手段一是虛報，即向中央少報收入，而把多餘部分歸己；二是增加稅種，在兩稅之外，巧立名目，收入也歸己；三是非法挪用與截留上供額。此外還有其他手段。這些手段使中央財政收入受到損失，自然也就削弱集權的力量。

地方軍權的強化。唐前期實行府兵制，這一制度有三個主要特點，一是府兵的分佈是內重外輕，主要分佈在首都附近的州縣；二是府兵的調遣權在中央，而不在地方；三是管理府兵的折衝府系統與州縣系統相互獨立，軍政、民政分開。安史之亂發生，為了迅速調遣軍隊，委軍權於節度使、觀察使。節度使原只設於邊境地帶，後來擴大到內地，觀察使原為監察官員，後來管政轄軍，於是地方軍權形成，在安史之亂平定以後，此權仍不能去。此後，節度使擁兵自重，將軍隊視為私產，至於將帥由士兵擁立。嚴重者，河北地區的藩鎮形成割據狀態，戶口、稅收都不入中央。雖然中央政府曾有削藩的行動，但中央無論在財力與軍力上都已削弱，削藩只取得暫時和局部的成功而已。最終，唐王朝還是亡於軍閥割據。

四、宋代的中央地方關係

唐代的覆亡，造成了五代十國的分裂局面，其教訓就是「君弱臣強」，實際上即是弱中央，強地方。趙宋王朝就在五代之末利用軍隊的擁戴建立起來。因此宋代的統治者特別注意接受唐代覆亡的教訓，在如何加強中央集權方面設計出一整套改革方案來。

首先是地方政府結構的創新，這個創新為前代所無，其核心就是將高層政區虛化，將高層地方政府的權力分散。

從來的中央政府都力求維持最簡單的二級制，但在國土廣袤的情況下，統縣政區數目較大，中央政府管理幅度過大，要維持二級制是很難的。因此在漢代就已經出現在郡以上出現州一級高層政區的傾向，雖然統治者力圖將州作為監察區而不是行政區，但結果擺脫不了演變為行政區的命運。唐代接受漢代的教訓，起初不設監察區，唐太宗雖分天下為十道，但其時的道只是地理區域，而不是監察區。監察工作並不分區，監察人員在中央與地方之間來去如飛，監察效果大打折扣。於是到唐玄宗時，終於分成十五道監察區。到了安史之亂以後，這些道就和藩鎮相結合，形成州以上的一級實際上的行政區劃。宋代之初，統治者深刻認識到監察區與藩鎮都有轉變為行政區的可能，因此王朝建立伊始就取消藩鎮，削奪節度使軍權，也不設置監察區，使地方政府恢復到州縣兩級而已。但是兩級政府運轉必定要陷入管理幅度太大的困難，加上唐末五代以來州的幅員變得更小，中央政府直接管理四百個左右州級政區，幅度比漢唐兩代更大，效率更低。

為了避免設置實質性的高層政區，同時又收到高層政區作為中央政府代表管理州級政府之效，宋代統治者雖在名義上設置了高層政區——路，但又把路虛化。虛化的方法是：不設路一級的單一長官，而將這一級政府的權力分散在轉運使（主管財賦）、提點刑獄使（掌司法）、安撫使（管治安）、提舉常平使（管平抑物價）身上。這樣一來，路級政府實際上是由諸監司——即轉運使司、提刑使司、安撫使司與提舉常平司組成。與此同時，不同監司的路級政區，有時有不同地域範圍，如陝西地區於轉運使司分為兩路，於安撫使司卻分成六路。

或者區劃雖同，治所卻分開，如荊湖南路轉運使治長沙，而提刑使治衡陽。因此就實質上說，路級政府只是虛化的一級。為了避免路成為一級正式政府，重蹈前代覆轍，宋代還嚴格規定州有直達上奏權，路一級政府機構不准干預這一權力。

其次，改變地方官的地方性質，派遣中央朝官擔任地方官員。以知州代替刺史，以知縣代替縣令。這樣一來，行政區劃在理念上變成是中央官員的施政分區，而不是地方官員的行政區域。地方官員在形式上變成中央官員，只是性質為中央派出而已。

第三，重使職差遣，輕固定官職。中央政府為了直接控制地方一切權力，將唐代已經出現的使職差遣大大發展，同時將職與官相分離。唐代使職是因事而設，事畢即罷。宋代卻主要依靠使職進行正常工作，而將正式官員閒置。這些使職由皇帝隨意調遣，不致養成地方勢力向中央分權。固定官職有數，有一定級別，使職差遣卻任意性很大。

第四，改變監察方式。一方面是逐級監察，即「委郡縣於守令，總守令於監司，而又察監司於近臣」，換句話說，以中央御史台監察路級政府，以路級政府監察州縣長官。第二方面是同級之間的互相監察，如路級政府分為諸監司，這些監司之間還有互察之法。第三方面，地方政府長官的副手也有監察正職的作用，如知州的副手通判對知州的權力就有很大的制約權，一切行政命令必須有通判的副署才能生效，這實際上是以副職來監督正職。

宋代中央地方關係還有一個值得注意的傾向，那就是在財政方面中央高度集權，同時在地方路一級政府中，以主管財賦的轉運使司最為重要，後來甚至以轉運使為一路的主要官員。這說明宋代統治者已充分認識到，經濟因素有可能是影響政治形勢的決定因素，中央政府如果沒有足夠的財力，在政治上就不能嚴密控制地方。這種認識是由唐代的教訓得來的，唐代藩鎮「租稅所入，皆以自贍，名曰留使、留州，其上供者甚少」。地方財力雄厚正是割據的物質基礎，這一教訓使宋代的財政權的集中顯得最為突出。建國之初，朝廷即「申命諸州度支經費外，凡金帛以助軍家，悉送都下，無得佔留」。在完成上供任務後，即使地方必要的「留州」、「送使」的錢物，原則上地方也不能擅自支用，必須經過一定的報批手續，才可使用。

上述措施的實行，保證了空前的高度中央集權，一兵之籍、一財之源、一地之守，都由朝廷掌握，而群臣不與。這一高度集權的最明顯的好處是中國歷史上自宋代以後，再未曾出現過分裂割據的局面。但弊病也很明顯，那就是宋代的積弱。兵眾而不能打仗，官冗而辦事效率低。宋代統治者以為自己中央集權的措施是輕重相維的典範，其實是內重外輕的極致。後來的明清兩代基本上師承宋代的做法，依然維持高度中央集權，但在形式上有所變化。

五、元明清與民國時期的中央地方關係

在宋代與明代之間的元代也是以中央集權為主，但由於統治方式不同，而且統一以前的軍事時期過長，所以在中央地方關係方面有些特殊之處。其中最主要的特點就是以行省制作為中央控制地方的樞紐。行省本為中央政府組織（中書省或尚書省）的派出機構，代表中央政府執行管理地方的職責。但久而久之，又逐漸兼具最高一級地方政府的職能。作為中央派出機構，它將地方的權力集中於自己手中，相當於是集中於中央政府。中央政府只要嚴密控制全國十個左右的行省，就等於控制了全國。作為地方政府，它是一級有實權的政府，與宋代作為虛級的路不同。元代的路、府、州、縣等級地方政府，在財政、軍事方面幾乎不享受任何分權的好處，一切權力都集中於行省。因此元代中央與地方之間在財政與軍事方面的權力分配體現在朝廷與行省之間。為了防止行省因為權力過大而成為割據勢力，朝廷在幾個方面採取了必要的措施。

一是在地域上使行省的區劃與山川形便的原則相脫離。如使陝西省跨越秦嶺南北，使河南江北行省包容淮河南北地域，使湖廣行省、江西行省踞於南嶺兩側，而秦嶺、淮河、南嶺歷來都是行政區劃的天然界線。這樣做的目的，是為了使行省失去軍事上可以憑險割據的地

理基礎。二是在事權方面使行省內部實行多頭負責制。行省的長官及其副手通常由六七位官員組成，行省所掌握的行政、財賦、軍事、刑名等事務通過圓署會議議定，而後又由專職官員執行。如軍政事務專門由佩金虎符的丞相、平章等官員提調，錢穀財賦也是由朝廷指定一兩名官員掌管，其他官員一般不能隨便干預。同時，行省負責官員中，常常是蒙古人、色目人與漢人交參使用，使之互相牽制。這些措施使行省官員個人不能獨立行使權力，而要與其他官員協同或受到其他官員的掣肘。三是對行省的權力進行嚴格而具體的限制。如行省雖有總領財賦的權力，但支用權在元代中期以後被限制在一千錠以下；司法方面，行省不得擅行誅殺；軍事方面，各地戍兵佈置、調遣，始終由朝廷直接掌握。四是對行省的監察嚴密有效。元代對地方政府的監察工作由在中央的御史台和在江南、陝西的兩個行御史台，以及錯置於行省內的二十二個道肅政廉訪司所組成，這些監察機構的工作重點就是對行省的監察。終元一代，行御史台與諸行省一直處於對立狀態，有效的監察使行省沒有坐大割據的可能。

上述幾方面的措施使行省的性質雖然居於中央機構與地方政府之間，但主要還是代表中央控制地方，為中央高度集權服務。元代地方政府因為是合併了蒙古、金、宋、西夏等政權所形成，因此級別疊床架屋，有些地方政府層級達四級之多，這與歷來中央政府力求簡化地方政府級別相反，從表面上看似乎會造成中央權力分散的毛病，但結果仍然能夠維持高度中央集權，其關鍵就是中央政府牢牢控制行省權力，又通過行省以控制地方來實現的，至於行省以下的路府州縣幾乎是沒有任何分權的地方政府。

明清兩代情況有所不同。習慣上，學術界都認為這兩個朝代在地方行政制度方面也是實行與元代一樣的行省制，其實明清之制在實質上與元代大不相同。明代地方政府由元代的多級簡化為三級（布政使司—府—縣）與四級（在府縣之間有州）的混合。最高一級地方政府學習宋代路的做法，將事權分散於都（都指揮使司，掌軍事）、布（布政使司，掌民政）、按（按察使司，掌司法）三司手中，而三司分立制度與元代行省性質並不一樣。明代是官署分開，元代則官署唯一，只是官員職權分散。明代的高層行政區劃習稱為省，在大部分時間內，全國分為十五省。但省其實從未作為正式名稱，十五省的正式叫法應是兩京十三布政使司。明初重武輕文，都司居三司之首，後來情況改變，布司位在其他二司之上。三司分立制是防止地方權力過大的重要措施。在這一主要變革下，明代中央還在其他方面加強了對地方的控制。

例如在地方官員的任命方面，明代地方官無論大小，甚至是縣級少吏如主簿、典史之類也要由中央吏部任命，地方無權任免官吏，而且重要官員的任命都要皇帝親自批准。地方用人權至此已經蕩然無存，這一方面的控制遠超過前此任何朝代。

又如在地方行政事務處理方面，明代地方官對許多政事不能自行處理，必須經常向中央請示處理方案。因此從明代開始，發展出一種以題、奏疏請皇帝，而後由皇帝批准執行（或留中、不准）的工作方式。這種方式使地方的行政權力更進一步縮小。

而且明代軍制的改革使地方軍權減少到最低限度。明初正規軍隊以衛所軍隊為主，衛所雖分佈於全國各地，但軍隊的指揮權在中央而不在地方。兵統於五府，將命於皇帝。明代軍隊的統屬權與指揮權在中央和省一級是互相分離的，中央的五軍都督府管兵但無權調兵；兵部有任免軍官之權，但不統兵。各省的都司分隸於五府，也屬管兵系統。調兵權則只在皇帝一人手中，這一做法一直延續到近現代。明代後期由於邊防多事，總督巡撫雖有便宜行事之權，但這一權力受到極大限制。明代有人認為，盡其放權的極限而言，軍事指揮權在地方只有十分之三而已。在具體指揮方面，又有大小相制，以小分大的做法。即以職位大的節制職位小的，但同時又以小的職位來分割大的職位的權力。各級將領對其下屬軍隊都無實際指揮權，只能通過其下一級將領來指揮，自己能直接指揮的只有數量很少的親近的標兵。

在司法方面，明代也體現了高度的中央集權，而且是皇帝的專權。如死刑的決定權就直接掌握在皇帝手中。判決以後，刑部要向皇帝三覆奏或五覆奏，而後才能行刑。同時在地方上的司法權也呈分散狀。最高一級地方政府的司法機構本是按察使司，但按察使在行使權力時經常受到巡撫與巡按的左右。三者的分工並不明確，有時互相牽制，只能由中央裁決，使地方的司法分權似有若無。

監察系統的完善也體現了中央集權的力度。明代中央對地方的監察權威性很高。由中央派出的巡按尤其具有幾乎無上的權力，這一點甚至在戲劇舞台上也反映出來：巡按一到，貪官就法，觀眾歡騰。同時明代的監察體制系統嚴密，以科道監察總督巡撫。以總督、巡撫、巡按監察都布按三司，再以司道監察府州縣。一級監察一級，比前代系統嚴密。而且監察網覆蓋面極廣，無孔不入，任何官員無不在此一網中，效率極高。當然這樣嚴密的監察系統也有其弊病，這裡暫不作詳細分析。

要而言之，明代的中央集權與前代相比有所不同，是綜合前代的經驗而加以改進。例如地方最高一級政府是最有可能發生割據的潛在基礎，因此限制地方分權的對象，主要也是這一級政府。所以明代又回到類似於宋代的三司分立方式，只是在後期不得不以總督、巡撫來節制三司，以保證地方政府的正常運作。所以越到後來，督撫的地方官員色彩越濃。但終明一代，督撫作為中央特遣官的色彩尚未完全褪去。以此一例即可看出確保中央集權的主要手段有三：一是以內制外。督撫在名義上是中央官員，是內，三司是外。二是以文制武。三司之中，布司最上；三司之上，巡撫又高於總兵，這也是向宋代學習的結果。三是地方政府互相牽制，同級之間分權（三司分立）而且大小相制（三司也可彈劾巡撫）。結果是地方官不能自專，離心傾向受到扼制，分裂根本不可能。

明代省級政府的三司分立與宋代路級政府的諸監司相比，事權稍為集中，這是接受宋代分權過甚，引起辦事效率低下的教訓而作出的改進。但三司互不統屬。在地方安寧的情況下，矛盾不突出，能協調處理地方事務，但在地方多事之秋，三司各執一權，難以應付突發事件。因此在明代後期，又在都布按三司之上發展出總督、巡撫制度來，這一制度是以總督或巡撫來兼顧三司的各項事務，以克服地方政府各機構互不統屬所引起的扯皮牽制作用。由於中央對地方控制得宜，尤其是對省一級政府有足夠的制衡力量，因此對於府、州地方分權，呈現比前代寬鬆的狀態，其表現形式就是明代的府與直隸州的幅員比前代有明顯的擴大。例如山東一省只有六七個府，使得三級地方政府的管理幅度合理有效，這是唐代以來的重大改革。

清代中央地方關係的基本特點是以明代為基礎而作進一步的改進。明代後期發展起來的總督、巡撫制度，介於地方政府與中央官員之間，到清代更發展為督撫分寄制的中央集權。一方面，督撫的轄區逐漸調整到與省的範圍相一致，總督或巡撫成為地方最高一級政府的長官。另一方面，督撫又佩帶欽差式的關防，代表朝廷監臨地方。其權力是皇帝所分寄，故直接向皇帝負責，一般不受中央各部院指揮。

這樣一來，省級行政區劃在明清兩代之間雖無實質性的變化，但政府層級卻有較大差別。在明代以前，一級政區對應一級政府，但在清代卻不同，三級政區（省—府—縣）卻對應五級政府（督、撫—藩、臬—道員—知府—知縣）。由下而上的公文要層層呈遞，由上而下的指示要層層下達，不准越級，嚴密控制。布政使本為一省最高地方官，在清代卻要位居督撫之下，多了一層政府，多了一重矛盾。清代的省有的專設巡撫，有的專設總督，兩不重疊；但還有些總督節制兩三省，又與只管一省的巡撫同在一個省城。在這種情況下，督撫之間又要互相牽制，再多一層矛盾。道本來是一種專職性質的區劃，道員也是省級政府的派出專員，以負責某一項具體事務。在明代這一制度已經出現，但未成為一級政府，到清代府申省的文書一定要經過道的轉遞，等於是多了一層地方政府。清代前期皇帝多以勤政聞名，設置多層地方政府雖有阻隔太甚之嫌，卻收到中樞控制之便，地方一切矛盾無不由中央解決，皇帝得以遙控一切重要事務。

清代不但地方官員的職位分別十分繁細，而且將全國的府州縣以「衝（地理位置）、繁（政務繁簡）、疲（民情好壞）、難（治理難易）」分出具體等第來。「衝繁疲難」的四字考語在明代已經出現，是用來表明某一政區治理的綜合難易程度的。清代將其發展為選用官員的依據之一。綜合元明清三代觀之，元代只重視行省一級地方政府，明代開始注意於府縣級，清代則相當重視府縣級政府的治績。詳細劃分地方政府職位的等第，就是為了更好地量才使用，以利吏治。這是中央控制地方的一個重要措施。對於地方官的補授，又有許多嚴格的規定，如別其流品、觀其身言、核其事故、驗其文憑。此外，對於迴避制度，清代規定最為苛細，有籍貫迴避、親族迴避、師生迴避、官幕迴避等。如籍貫迴避規定，禁止官員在原籍方圓五百里內任職。而且原籍不僅指祖籍，還包括本人或父輩一定時期內生活過的地區，即所謂「寄籍」。比起前代來，迴避範圍擴大，而且制度嚴格，因而在避免官紳勾結形成地方勢力方面起了重要作用。

為了加強皇帝對中低級地方官員的控制，清代還建立了引見制度。清初規定州縣官缺中的一等人選必須引見，二等三等則由吏部直接銓選。康熙後期起，「凡郡守衛牧令之選，奏名廷陛，無不引見之員」。引見時皇帝提出問題，待選官員自報履歷，回答詢問。皇帝藉此機會了解官員的能力水平以至年齡體貌，將中央對地方的控制深入至皇帝對地方官的直接控制，這是前此歷代所無的制度。

元明清三代都是國土廣袤的大帝國，其第一級政區習慣上都稱為省，但這一級政府在三代之中卻發生了形態上的變化，因而中央地方關係也相應有所調整。在元代是以行省政府代表中央政府，因此這級政府的職官設置與中央完全一致，有宰相、有平章政事等等，只是品級稍低而已。在這種情況下，如何限制行省掌握太大權力就是中央重點考慮的問題。明代矯正行省政府的性質，使之復原到權力分散的地方政府形態，在前期基本上取得成功，但也產生因地方分權不足而無法應付地方事務的弊病，因此後期不得不以總督巡撫制度與三司制度並立而行。清代接受了元明兩代的經驗，將督撫制度固定下來，使之成為一種分寄式的中央集權方式。這種方式是將督撫作為封疆大吏，授予其個人以比較大的權力，這種權力為宋代以來所無，是將中央應該集權的部分權力分寄在督撫身上。因此在行政上，督撫有權節制、指揮一省（總督有時節制兩三省）的布、按二司（都司在清代已廢去），及道府州縣等地方官員，隨時審核考察其治跡。這種權力是由其既作為代表中央監臨地方的欽差性質，又作為地方最高行政長官的身份所決定。但由於有其他制度所制約，這種權力不會無限制膨脹。如清代地方財賦必須「悉數解司」，並實行嚴格的奏銷制。地方並無獨立財政預算，只要解入布政司藩庫的財賦，就是中央朝廷所有，督撫並不能擅自動用。督撫所直接節制的各省綠營，名義上也是國家軍隊，並非地方軍隊，督撫只是代替中央管理這些軍隊而已。

為了防止督撫的分權影響到中央集權，清代還採取其他種種措施加以防範。如在以督撫節制全省官吏（這是以大制小）的同時，又使其下屬的藩、臬、提、鎮諸司都有密摺上奏權

（即以小制大），以便大小相制。又如督撫人選以旗人為重，以保證其忠於朝廷。由於督撫人數不多，便於管理，所以皇帝經常直接下旨控制督撫行動，並通過密摺題奏手段，時刻注意其動向。由於中央控馭得法，清代督撫對皇帝都唯命是從，從未出現與中央分庭抗禮的現象。甚至在鎮壓太平天國革命以後，許多督撫在實際上已擁有相當大的權力，也未曾出現分裂行為，最極端的行為也只到「東南互保」為止。

民國建立，雖然使二千餘年的皇帝專制制度廢於一旦，但中央集權的趨勢並沒有根本的改變。民國初年，地方行政制度有重大變化，廢府（州、廳）存縣，同時在省與縣之間設正式政區——道。不過道始終未曾起到一級政區的作用，只是作為省縣之間的公文承轉機構而已。北洋軍閥政府雖欲集權於中央，但其時勢有未能。在民初十多年的時間裡，南北兩方長期處於對抗狀態。一直到南方國民政府北伐成功，又被蔣介石篡奪政權，其後中央集權制又重新得到恢復。為了強化中央集權，道一級政區被取消。地方政府一時成為省縣兩級制，回到秦代的面貌。但時間已過去兩千餘年，古代社會與現代社會的差異相去太大，而且國家版圖、人口數量也發生了很大的變化，兩級制實行起來有明顯的困難。因此當三十年代國民黨政府開始剿共時，採取了一種新型的地方政府形態，即在省以下設一派出機構，稱為專員公署，以之管理部分縣的行政事務，克服了一省管理數十縣、幅度過大的弊端。這種做法既避免了增加一級正式政府，又使管理幅度趨於合理，所以起初為臨時、局部（最先在江西試行）之制，後來成為普遍、固定的制度。解放以後，這個制度保留下來，以至於今，其中部分專區（專員公署的地域範圍）自八十年代以來又逐漸被地級市所替代。

第二部分　對歷代中央地方關係變遷的闡釋

由於中國人一向注意歷史學，統治者也很注意如何治理天下才能保持長治久安，因此一部有名的編年史才會被命名為《資治通鑒》，許多史學家才會對各種紛紜變化的現象作出種種闡釋。在總結前代或歷代中央地方關係的得失時，中國史學家常用輕重、幹枝、首尾等關係作比喻。所謂「內」，指的是中央政府及中央集權，「外」則是地方政府或地方分權。在中央集權削弱，地方分權偏重的時候，就被稱為外重內輕，反之則為內重外輕。外重內輕可能引發割據分裂的局面，促使統一王朝走向瓦解，這是漢、唐兩代的教訓；內重外輕雖無割據之憂，卻使地方失去綏靖禦侮能力，在內憂外患交加的情況下，就有導致亡國的危險，這是宋、明兩代的結果。因此古代政治家所追求的理想目標是輕重相維，也就是在中央集權的前提下，使地方有適度的分權。但是要做到這一點並不容易。輕重相維是一種不穩定的平衡狀態。一旦處置失當，就會失去平衡，不是向外重內輕滑坡，就是向內重外輕傾斜。因此在古代歷史上總是循環不已，週而復始。當然每一個循環都不是簡單的重複，而是吸取前代教訓以後的改進或提高。

除了以內外作比喻，中央地方關係還可稱為幹枝、首尾、本末關係。西漢中期削弱諸侯王國的措施叫做強幹弱枝或大本小末，唐代後期的藩鎮割據現象被形容為尾大不掉。但是無論是內外、是幹枝、是本末、是首尾，矛盾的主要方面總是在內、在幹、在本、在首這一邊。對歷代統治者來說，保持一姓專制政權的長期統一和安定是最高的政治目的，因此對地方安定的重視超過對地方發展的關心，因而統治政策也就往往偏向高度中央集權的那一端，於是只授予地方當局以最低限度的必要權力，維持老百姓的最低生活水平。為後人企羨不已的漢代吏治，也不過只達到「政平訟理，百姓無愁怨」而已。

但是高度的中央集權並不總是能維持得住，當地方多事之秋，亦即連溫飽水平也不能滿足而引起農民起義時，或是因統治權力分配不均而爆發內亂時，中央政府又不得不下放一定的權力，以便地方政府有能力鎮壓起義與叛亂，以維持王朝的生存。然而每一次權力的下移，並不會正好停留在輕重相維的均衡點，而是往往擺向極端地方分權的那一端，於是分裂局面出現，亂世到來，統一王朝走向崩潰，各種勢力進入中原逐鹿的混亂舞台，直到最強有力者奪得政權，建立新的王朝，於是統一重新出現，治世再度開始。新統治者接受前代的教訓，尋求更佳的中央集權方式，鐘擺又擺回到高度集權的另一端。一部中國政治史就在外重內輕和內重外輕的兩端往復擺動，同時又一步緊似一步地走向極端的中央集權。

從具體的朝代看來，秦漢兩代可以算作輕重相維的時期。秦之速亡非由於地方權力太重，而是因為苛政太甚，所以當時有「叛人」而無「叛吏」。直到東漢末年才出現極端地方分權，引起軍閥割據，造成三國鼎立局面。西晉統一以後實行「封建」，外重內輕現象變本加厲，促使西晉王朝很快就在「八王之亂」中覆滅。此後的東晉南朝和十六國北朝對峙時期，一直處於輕重失序的週期，亂世從東漢末年算起整整延續了四百年之久。清代和唐代前期又一次達到輕重大體相維的態勢，當然在接受漢末的教訓之後，中央集權更加強化。但是為了平定安史之亂，唐代政府不得不把權力再次下移，唐後期又從治世轉入亂世，部分藩鎮擁兵自立，形成割據，其他藩鎮的分權則可上比漢末的州牧。唐王朝與藩鎮偕亡以後，全面分裂的局面再度出現，從唐中期到宋代重新統一，平叛與分裂戰爭不斷，混亂形勢也貫穿了兩個世紀。

要而言之，自秦漢到五代十國時期，可以看成是從輕重相維到外重內輕的兩次反覆過程，也是由統一到分裂以及由治而亂的兩個循環。長達千年以上的這一歷史變遷，深刻地教育了宋代統治者，使他們意識到輕重相維的局面固然不錯，卻是不牢靠的，要想防止出現外重內輕的弊病，沒有別的辦法，只有走內重外輕的道路，這就是宋代實行絕對專制統治的思想基礎。於是，宋代不但盡收地方之權於中央，而且集中央之權於皇帝個人手中。元明清三代中央地方關係與宋代一脈相承。乃以中央官員分掌地方大權，實際上再無真正的地方分權可言。因此自宋代以後，中國歷史上不再出現因割據而產生的分裂局面。金與南宋的對峙是由異族的入侵所引起，並非地方極端分權的產物。內重外輕之弊歷久而愈顯，宋以後王朝的覆亡多由外力所造成。宋一亡於女真，再亡於蒙元，明亡於滿清，而清幾乎亡於東西列強。然而只要無強敵壓境，即使國勢寖弱，地方凋敝，總還能勉強維持專制政權的延續。所以統治者非不明白內重外輕之病，但與外重內輕相較，則寧願兩害相權取其輕，以維護一姓之專制統治為最高目標。於是終中國皇權專制下的中央集權制度之世，內重外輕之病已不能去。

對於這種內輕外重的弊病，中國古代的思想家有過種種切中時弊的批評，也有種種改善方案的提出。例如對於中央集權過甚，南宋學者葉適早已指出，這是「視天下之大如一家之細」。既將一個偌大的國，當成一個小小的家來治理，什麼權力都要抓在皇帝手裡，豈有不出問題的道理。所以他明確反對中央「盡收威炳，一總事權」的做法。明清之際的思想家顧炎武也說：「郡縣之失，其專在上」，批評中央授予地方權力太少。王夫之更主張要有適當的地方分權，他指出：「上統之則亂，分統之則治」，「上侵之焉而下移，則大亂之道也」。尤其無權的是郡（府州）縣長官，辟官、蒞政、理財、治軍，本來是郡縣長官的四種主要權力，而越到後來，這些權力越小，宋元以後則基本喪失殆盡。這樣一來，地方長官都不求有功但求無過，等因奉此，消極推諉，行政效率大大降低，對於地方的正常治理極其不利。地方政府無權，還直接影響了地方社會經濟與區域文明的發展進步。例如，宋代以後朝廷盡收地方之財，地方政府無以為計，不僅無力舉辦公益事業，諸如興水利、辦學校、恤災荒，甚至連官俸有時也不能自給，結果自然阻滯了地方的正常發展。更加嚴重的情況是造成國家或地方積貧積弱，從而失去抵禦外侮的能力。當然地方分權過大也會有其他弊病，尤其是極端分權狀態會引起國家的分裂，造成社會經濟文化的破壞，也削弱抵禦外族入侵的能力，影響整個社會的發展進程。因此最理想的狀態當然是輕重相維。但從上面的分析我們已經注意到，在皇權專制社會裡，輕重相維的局面基本上是無法做到的，至多只能出現不斷的循環反覆。

通過以上的分析，我們對歷史上的中央地方關係自然會有以下的基本認識：（一）中國歷史上不但是一個中央集權的國家，而且是一個個人專制的中央集權制國家。個人專制指的是在中樞權力中，最高領導者與中央政府其他人員的權力分配形式；中央集權則是在國家縱向權力分配中，中央政府與地方政府的關係。（二）中國不但是一個中央集權國家，而且是一個高度中央集權國家。所謂高度中央集權有幾方面特點，一是集中一切權力，二是與官僚制度互相依存，三是否定地方自治，四是犧牲地方利益，五是趨向個人專制，六是不具普遍性。（三）由於長期高度的中央集權，使中央對於放權過於謹慎（一般都是被迫），而由於地方缺乏掌握重要權力的經驗，一旦放權，便極易出現濫用權力的混亂現象。（四）由於長期高度中央集權，因此即使是弱中央，有時也還有控御全局的能力，如晚清平定太平天國革命以後，一些總督已經擁有不小的權力，但中央仍然能干涉地方事務，隨意取消權臣所籌劃的蘆漢鐵路和漢陽兵工廠的建設。當然地方也有割據的傳統，一旦擁有軍權與財權，可能出現群雄割據的局面，民國初年的軍閥紛爭就是一個例證。（五）由於中央地方關係有一定的傳承性，並且對國民產生一定的心理暗示，因此一般容易認為集權比分權好，即使過度集權會窒息地方積極性，但至少集權不會引起混亂，能夠保持國家穩定。所以集權的傾向性較強。這也就是為什麼在兩千年的帝制國家中，中央集權越來越加強的真諦。如何處理中央地方關係，仍然是一個不易破解的難題。

本文原載《學術中國》（南昌：江西出版社，一九九九年），收入本文集時稍作訂正修改，並刪去論及一九四九年以後變遷的內容。

縣制起源三階段說

關於縣制的起源是一個老問題，但卻是至今尚未解決，尚未說清楚的問題。春秋以後，由於社會生產力的發展，公社及其所有制即井田制度逐漸有了變化，使得國人和野人身份地位的差別漸漸消失，國與野的對立也在漸漸消弭。與此同時一種新型的制度卻漸漸萌芽，這就是郡縣制的出現。縣和郡在初出現時，性質還比較模糊，後來就逐步演變為具有一定地域範圍的行政區。對於郡縣制的起源，由於文獻有闕，現在還不能說得很清楚。但學術界的共同看法是起於春秋，形成於戰國，而全面推行於秦始皇統一天下，這是沒有疑問的。然而這還只是畫了一道很粗的線條。在證明縣起源於春秋時，所有的研究著作都僅僅是將有關的記載羅列一番，不能就這些史料的內在關係作出分析。這裡想來作些分析與推測，以便將模糊的史實盡量變得清晰一些，然而猶不敢說這些分析已是定論。

一、三種不同涵義的縣

在明代以前，對於郡縣制的起源大概不存在任何問題，一般都簡單地認為秦始皇統一天下，「罷侯置守」，分天下為三十六郡是郡縣制之始。明清之際，開始有人提出疑問。先是明代弘治嘉靖間人田汝成說，郡縣不始於秦代，舉《左傳》晉分祁氏之田為七縣，羊舌氏之田為三縣為例。明末清初的顧炎武在《日知錄》中，更舉《史記．秦本紀》武公十年滅邽冀戎，初縣之；十一年初縣杜、鄭之記載，把郡縣制的起源上溯至春秋初年，比秦始皇統一天下早了五百多年。這以後郡縣制起源於春秋初期的觀點似乎成為共識。本世紀三十年代，顧頡剛先生撰〈春秋時代的縣〉一文，把見於載籍的有關秦、楚、晉、齊、吳等國設縣的材料都鈎稽出來，證明春秋時代置縣已較普遍，但是同時又指出，晉縣是采邑性質，與秦、楚的縣是國君的直轄地有所不同。二十世紀五十年代日本學者增淵龍夫與八十年代楊寬則認為春秋的縣與郡縣制的縣還有本質的差異，楊寬以為郡縣制應形成於春秋戰國之際。但對兩者之間的轉變關係也仍然語焉不詳。

為了盡量接近史實，現在我們換個角度來探討郡縣制的起源，亦即在重新檢閱春秋各國置縣的材料以前，先對縣的意義作一分析。分析時所用史料僅限於《左傳》與《國語》等比較原始或可靠的記載，而完全不用《周禮》所載內容，因為該書是由後人所編集的理想與現實制度相混合的著述，不利於說明真相。

縣的意義在春秋戰國時期有三個階段的發展，即縣鄙之縣、縣邑之縣與郡縣之縣。

先說縣鄙之縣。在這個意義上，縣與鄙相同，國以外的地域則為鄙、為縣、為野，三者同義。這是西周封建之制形成的地域差異，至春秋時依然如此。《左傳》莊公二十八年曰：「（晉）群公子皆鄙，唯二姬之子在絳。」當時晉獻公使太子申生居曲沃，重耳居蒲城，夷吾居屈。「群公子皆鄙」指的就是申生等三人所居，都在國都絳以外的鄙。絳是國，曲沃、蒲城與屈三邑都在鄙。《楚語》也說：「國有都鄙，古之制也。」說明都鄙的對立至少從西周以來便如此。這裡的國指的是整個封國，都指國都，國都以外的地方即稱鄙（國有三義：一是封國；二是國都，即郊以內為國，郊以外為野；三是都城），這是說諸侯的封國之內有都與鄙的分別。韋昭注云：「國，郊以內也；鄙，郊以外也。」大體是正確的。《齊語》講管子為齊國定地方制度，是「參其國伍其鄙」，也是國鄙對立。但另一方面，與國相對立的地域也可稱作縣。《周語》載單襄公出使，經過陳國，發現那裡的行政管理制度很亂，「國無寄寓，縣無施捨」與周制的「國有班事，縣有序民」的情況，相去很遠。這裡就是將國都與縣對舉，把縣作為國以外的地域。可見縣與鄙的意義是一樣的。

縣鄙二字又經常連用。如《左傳》昭公十九年，鄭子產說鄭國將淪為「晉之縣鄙，何國之為」這是說，鄭將要亡於晉，若果真如此，鄭國的土地就變成晉國的縣鄙之地了。隔了一年，齊國的晏子又說了「縣鄙之人，入從其政」這樣的話，這裡的縣鄙自然也是指與國對立的郊野鄉聚地區。鄙也可以作為動詞用，《左傳》宣公十四年，楚使赴齊，路過宋國，但不向宋假道，於是華元對宋昭公說：「過我而不假道，鄙我也。」這裡「鄙我」就是視我為楚國的邊鄙的意思。對照上述這些意思，我們再來檢閱《史記》的記載。《秦本紀》言，秦武公十年（前六八八年）「伐邽、冀戎，初縣之。十一年，初縣杜、鄭」。對照子產與華元的話，可以認為秦武公其實是把邽、冀戎的地盤與杜、鄭二地變成秦國的縣（鄙）之地而已，並不一定要理解為秦國當時已經具體設立了邽、冀、杜、鄭等縣。更何況《史記》這段話是五百多年以後所記（此事不見於《左傳》），並非當時的實錄。當然，司馬遷可能有秦國的文獻作依據。但即使有關秦武公的記事準確無誤，還有一點令人覺得奇怪的是，在武公以後的整個春秋時期，秦國再沒有「初縣」其他地方的任何記載，和楚國滅國為縣的許多例子，以及晉國更多的有關設縣的記述情況完全不同。這樣一來，我們就難以將秦武公的「初縣之」這個孤證當成秦國在春秋早期已經設縣的依據，而應該理解為秦國領域向西擴展到邽、冀，向東擴展到杜、鄭地區為宜。退一步說，即使秦武公時已經置縣，則這些縣也是縣邑之縣，還不是郡縣之縣。

再說縣邑之縣。作為縣鄙的縣照理是不可數的，是一大片地域的意思，而不是一個個的聚落。鄙就不可數，只有北鄙，南鄙的說法，如《左傳》宣公十五年「夏，齊侯伐我北鄙……秋，邾人伐我南鄙」，用以表示國都以北以南的地域，因此文獻上不可能有五鄙、十鄙這樣的話。童書業以為「小邑或稱為鄙」，舉《左傳》襄公二十八年「與晏子邶殿，其鄙六十」為說，【一】但這個說法恐怕靠不住。《左傳》此語實應理解為「給晏子邶殿之鄙六十邑」才對，「邶殿」與「其鄙」之間不應點斷。與鄙不同，邑是聚落，當然是可數的，所以《左傳》昭公五年說：「豎牛取東鄙三十邑，以與南遺。」這種鄙中有邑的形態並非春秋特有，而是自商代以來便是如此。《殷契粹編》第八〇一片有文：「大方伐□，鄙廿邑。」楊伯峻釋曰：「大方即大邦，為殷人自稱，謂伐□奪其二十邑，以為邊鄙邑。」【二】

縣鄙雖然同義，但文獻上卻從不見有北縣南縣這樣的話。相反，從某些記載看來，縣卻與邑一樣也是可數的。說明縣的性質在春秋時期開始有所變化，這種變化可以從楚國看出來。《左傳》哀公十七年（前四七八年）記楚子穀之言曰：「彭仲爽，申俘也，文王以為令尹，實縣申、息。」這裡「實縣申、息」有以申、息作為縣鄙之地的含意。但既派令尹管理申縣，則此縣與邑一樣也是一個可數的行政單位，而不是過去縣鄙的意思了。而且其時縣與邑的意義是相通的。楚莊王時，申縣縣公巫臣反對以申、呂二縣作為賞田時就說：「此申、呂所以邑也，是以為賦，以御北方。」申是楚縣，而稱其「所以邑也」（之所以為縣的原因），說明縣邑同義。楚文王在位時是公元前六八九—前六七七年間，亦即楚以申、息二國為縣與秦國初縣邽、冀戎相去不遠。秦是以戎地為縣，楚是滅國為縣。性質本來無二，但楚任命了縣的官員，秦郤不知有無，這是兩者的區別。滅申為縣不知確在何年，最早出現申公（申縣之長官）的記載是莊公三十年。楚國置縣的記事還有一條，也是事後追述的。《左傳》莊公十八年（前六七六年）載：「初，楚武王克權，使斗緡尹之。以叛，圍而殺之，遷權於那處，使閻敖尹之。」此載雖未明言滅權以為縣，而既設尹以治之，與後來楚國的縣尹一樣，可推見當時是滅權以為縣。楚武王於公元前七四〇—前六九〇年在位，則以權為縣或比秦武公縣邽、冀戎稍早。明確記載當時楚滅他國為縣的事例從滅陳始。

楚莊王十六年（前五九八年）伐陳，以之為縣，後因大夫申叔時之諫而罷縣，恢復陳國；至楚靈王七年（前五三四年）再度滅陳為縣，使穿封戌為陳公；十年又滅蔡，使其弟公子棄疾為蔡公（分別見《左傳》宣公十一年，昭公八年、昭公十一年所載）。陳公、蔡公都是縣公，是一縣之主。因楚之國君僭稱王，故稱其縣之長官曰公，等同於諸侯。因而楚莊王在滅陳以後，曾經嗔怪其臣下申時叔說：「諸侯、縣公皆慶寡人，汝獨不慶寡人，何故？」楚滅蔡雖未明說是以蔡為縣，但既任命了蔡公，與陳公一樣，自然也是置蔡為縣。除陳、蔡而

【一】童書業《春秋左傳研究》（上海：上海人民出版社，一九八〇年），頁一八一。

【二】楊伯峻《春秋左傳注》昭公五年（北京：中華書局，一九八一年）。

外，據《左傳》所記，在楚文王至楚莊王之際，還滅了鄧、弦、黃、夔、江、六、蓼、庸等小國，這些小國也應當成為楚縣。【二】所以宣公十二年楚克鄭後，鄭莊公對楚莊王表示了鄭國願等同於楚之九縣，亦即稱臣於楚的意思。「九縣」一語表明其時楚國在邊境地帶滅國置縣之多。

楚既滅國為縣，則這些縣要比一般的邑大，但不管這些縣幅員如何地大，終歸是與邑相似的單個的行政單位，與縣鄙的縣性質不一樣了。與楚國的大縣相反，齊國的縣卻是很小的。上面已提到，《齊侯鐘銘》載靈公（前五八一——前五五四年）賜叔夷萊邑，「其縣三百」，這些縣就是很小的邑了。

邑本來是「人所聚會」，可大可小，彈性很大，有十室之邑，有百家之邑，有千家之邑，至戰國時更有萬家之邑。縣既與邑同義，則大小縣之間也相差很大。齊靈公與楚靈王差相同時，而楚縣與齊縣大小相差如此。這也説明，從行政單位的角度而言，春秋的縣尚未成形，保留着從縣鄙的縣衍化而來的痕跡。這些縣的基層組織也未經過改造，仍是原來的氏族組織。以國為縣主要是表示權力的歸屬，並非行政組織的徹底變化。所以陳、蔡二縣後來一度復國，也很容易，並未有若何實質性的變遷。

以縣為邑在春秋的晉國表現得最為明顯。《左傳》僖公三十三年（前六二七年）載，晉師破白狄，胥臣所推薦的大將郤缺捉獲了白狄子，晉襄公因此「以先茅之縣賞胥臣」，這是明確地出現「縣」的記載。而晉國之有縣當比此更早，而即便此條之記事，上距秦武公時亦不過半個多世紀。再，《左傳》宣公十五年（前五九四年），晉荀林父滅赤狄潞氏，晉景公賜保奏荀林父的士貞子以「瓜衍之縣」。又，襄公二十六年（前五四七年）蔡聲子謂楚令尹子木曰：「伍舉在晉，晉人將與之縣，以比叔向。」上述這些縣看來都是采邑的形式，國君可隨意以之賞賜臣下，甚至他國來奔之臣。與楚國只在邊地置縣的情況不同，晉縣看來似乎很普遍，連國都也是縣。《左傳》襄公三十年載，絳縣一老人因為無子而親自去杞城服勞役，縣大夫趙武認為這是自己失職所致，於是免去老人之役，並任命其為絳縣師。絳是晉國之國都，也可稱之為縣。這或者表明春秋時晉國的邑均可以縣稱。國都也是邑，是有先主祖廟之邑。故此時縣與邑是一回事，而且縣大夫亦是世襲，欒氏無後，所以欒氏所食之州縣為人所覬覦（詳後），而國君也可再以此無主的土地賜予他人。晉襄公以先茅之縣賞胥臣時，也因先茅絕後，所以才取其縣以賜。【二】

【一】參見《左傳》宣公十二年記事、杜預注以及孔穎達疏《春秋左傳正義》。

【二】參見杜預注《春秋左傳集解》僖公三十三年（上海：上海古籍出版社，一九七八年）。

《左傳》關於州縣的記述似乎更加能夠證明這一推測。晉平公十九年（前五三九年）以州縣賜給鄭臣伯石。州縣本來是欒氏之邑，欒氏亡後，范、趙、韓三氏都想得到這個地方。趙氏說，州本來屬溫，而溫是我的縣。范氏和韓氏說，自從州縣和溫縣分開以來，已經過了三代，晉國將縣一分為二的例子多得很，你趙氏怎能算舊賬？趙氏無言以對，只能放棄州縣。范、韓二氏既以主持公道的面目出現，也不便取州縣為己所有，因此韓氏就建議將州縣賞賜給伯石。不久，趙氏掌權，有人勸他把州縣收回。趙氏說，我連我自己的縣都治理不好，還要州縣做什麼。四年以後，鄭子產又替伯石的後人來退還州縣給韓氏，韓氏仍覺取之有愧，遂以州縣和人換了原縣（見《左傳》昭公三年、七年記事）。

上述記載說明了好幾方面的問題：一是大夫的采邑有以縣為稱者，如州縣原屬欒氏，又溫縣屬趙氏，而且據趙氏自稱還有其他縣；二是有一些縣可由大夫手中，轉而為國君支配，如州縣，所以春秋中期的縣在晉似乎是邑的別稱；三是晉縣可以一分為二，這與後世從老縣分置新縣已有些類似。加上前面所說的先茅之縣、瓜衍之縣、絳縣，尤其絳縣還是國都，這就使人有理由相信，春秋時晉國的邑一般都可以稱為縣。

由於縣邑是一回事，所以晉國的縣很多。《左傳》昭公五年記，楚靈王欲刑辱送晉國君之女出嫁至楚的晉卿韓起與大夫叔向，楚臣薳啟彊勸阻說：「韓賦七邑，皆成縣也。羊舌四族，皆強家也。晉人若喪韓起、楊肸，五卿、八大夫輔韓須、楊石，因其十家九縣，長轂九百，其餘四十縣，遺守四千，奮其武怒，以報其大恥。」從這段話中，可以看出其時之晉縣有四十九個之多，而且這些縣指的都是成縣，亦即能出兵車百乘的人縣。晉縣還有所謂別縣，指從大縣分出的小縣。前述州縣就是溫的別縣，下文之郲縣也是溫的別縣。而且據范、趙二氏說，「晉之別縣不唯州」，看來別縣的數量也不少。

由上述情況看來，春秋初年，是縣邑通稱時期，所謂「初縣之」、「實縣申息」之「縣」，其實重點都是在說明以之為自己的領土的意思，而不在於說明設置某個個別的縣。此時的行政單位仍是以邑為通稱，但已加上縣的稱呼，是已與縣邑等同。直到春秋中期，縣作為行政單位與邑還沒有什麼大的差別。但是縣作為國君直屬地的性質卻與采邑有所不同，這尤其表現在邊境的縣。

二、晉楚邊地縣邑的性質

不但楚國在邊地滅國為縣，晉也同樣有滅國為縣的記錄，【一】這在過去不大引起注意，同時晉國還在從周天子手中得來的新邊疆裡也設置縣。晉、楚的滅國為縣以及在新領土上所設的縣雖然還不是後世的郡縣，但已開始具有地方行政組織的萌芽，即作為國君的直屬地，並且縣的長官不實行世襲制。這兩個特徵本質上是統一的，是地方行政制度的表徵。

以楚國為例，最先的楚縣雖然也有世襲的例子，但並不成為制度。如申縣的首任縣公是申公斗班，第二任是申公斗克，後者是前者之子。而據日本學者平勢隆郎的考證，此後申公再不世襲，而且除此而外，楚國其餘的縣並無世襲之例。【二】同時，申縣又明白地是楚王的直屬地，並非申公或其他任何人的采邑。楚莊王時，令尹子重曾要求取申、呂作為賞田（即采邑），但受到申公屈臣的反對，理由是：「此申、呂所以邑也，是以為賦，以禦北方。若取之，是無申、呂也。晉、鄭師必至於漢。」（《左傳》成公八年）。可見申、呂二縣當時是楚王直屬地，用以徵收軍賦以作邊防之需，若以之作為大夫私人的采邑，軍賦將無所出，申、呂也不成為要塞，晉、鄭兩國的軍隊就要逼到漢水之濱了。申、呂雖是縣，但尚非後來郡縣之縣，不過業已具備其特徵之一——即作為國君直屬地，而不是大夫的采邑。所以當國君在國都待不下去時，還有縣作為退路。據《史記．楚世家》講，楚靈王眾叛親離的時候，其右尹就先勸他「待於郊以聽國人」，繼之又勸其「入大縣而乞師於諸侯」（《左傳》縣作都，是指已經成為楚國領土的原小國之都，其實即滅國為縣之縣）。

依顧頡剛的意見，晉、楚兩國的縣性質不同，前者是采邑，而後者是國君直屬地。其實恐不盡然，晉縣也有的是國君的直屬地。楊寬也以為晉國縣大夫世襲，舉晉國第一任的原縣大夫是趙衰，繼任者是其子趙同為例。然事實並非如此，趙同並未繼趙衰任原大夫（詳後）。仔細分析起來，晉國的邊縣並不全是采邑，也有公邑，這種差別是隨着時間的推移而發生的。任命縣守，雖亦稱守為大夫，但縣大夫並不世襲，與純粹的采邑不同。這個區別似乎是隨時代而變遷。

【一】滅國為縣在春秋很普通，但對於具體的滅國數目，《左傳》卻無完整記載。後代有些著作曾經提到，但其具體數目只能作參考，不過可由其中看出滅國之普遍性。周初諸侯國一千有餘，到春秋後期已如子服景伯所說：「今其存者，無數十焉。」（《左傳》哀公七年）。據《呂氏春秋．直諫》，楚文王兼國三十九，又據《韓非子．有度》，楚莊王併國二十六，開地三千里。又秦繆公併國二十（李斯《諫逐客令》），晉獻公兼國十九（《呂氏春秋．貴直》，《韓非子．二難》則作「併國十七，服國三十八」），齊桓公併國三十（《韓非子．有度》）。

【二】參見楊寬〈春秋時代楚國縣制性質問題〉，《中國史研究》第四期（一九八一年）。

晉獻公時滅國為縣，的確是以之賜給大夫作為采邑。《左傳》閔公二年（前六六一年）有云：「晉侯作二軍，公將上軍，太子申生將下軍，趙夙禦戎，畢萬為右，以滅耿、滅霍、滅魏。還……賜趙夙耿、賜畢萬魏，以為大夫。」從這一記事中，還不大明白耿、魏是大夫采邑還是國君掌握的公邑。但《左傳》文公五年載有霍伯其人，霍伯即先軫之子先且居，說明霍為先且居之封邑。由霍的地位以律耿、魏，則此二邑也可能是趙夙與畢萬的封邑。但這種封邑與過去封建同姓的「大夫立家」性質不同，其表面形式是派異姓大夫去對新邑實行管理，因此這種封邑可能只是食邑的性質，並非錫土而呈相對獨立狀態。這一做法是當時晉國中央集權制度已經有所加強的必然結果。晉獻公之時，有「驪姬之亂，詛無畜群公子，自是晉無公族」。群公子既被殺，公族不存，宗法制於是被破壞，采邑制也受影響，而中央集權則得到加強。晉獻公的集權行動是靠異姓大夫的支持才取得勝利，因此對他們必須有所酬報。而與此同時獻公又「併國十七，服國三十八」，於是這些小國如耿、霍、魏等，就不再作為采邑，而是派異姓大夫管理，這是地方行政制度產生的端倪。

到晉文公時代，則更進一步，明確地以「異姓之能，掌其遠官。以諸姬之良，掌其中官」。中官與遠官其實即後世的中央官員與地方官員之分，遠官就是地方官的意思。所以就在新領域——南陽之田中設縣而命縣守。《左傳》僖公二十五年（前六三五年）記晉文公平王子帶之亂，周襄王因與之陽樊、溫、原、欑茅之田（據《晉語》則為南陽陽樊、溫、原、州、陘、絺、鉏之田）。而後，晉文公就任命趙衰為原大夫，狐溱為溫大夫。在正式任命以前，晉文公還曾徵詢以何人為原守合適，有人以趙衰為薦。雖然《左傳》此處未明確說設縣之事，但由設守之事可推而知之，且溫縣後來明見於趙氏口中，【一】周襄王所與晉文公之賞田位於太行山以南，河水以北地區（僅一小部分在河以南，秦漢時稱之為河內）。晉文公在其中立縣置大夫，這些縣的前身從西周以來就是大夫的采邑，而晉以之置縣後，雖仍存在邑的形式，郤又不是采邑，似是國君的直屬地。在南陽之田中，溫與原是兩個最大的邑，我們且來具體分析其長官，即縣大夫的任命情況。

溫縣是春秋時期最引人注目的縣，在《左傳》一書中凡二十見。由該書記載，可以看到，溫最早是周大夫蘇忿生之采邑（隱公十一年、成公十一年），晉文公以之置縣後，先是以狐溱為縣大夫（僖公二十五年），而後繼者郤是陽處父（文公五年），再後又及於郤至（成公十一年，郤至並因此被稱作溫季），接下來郤是趙氏（昭公元年）。可見溫縣大夫並非世襲，國君可以調換人選。但必須說，溫縣也還不完全是後世的縣，因為據《左傳》昭公元年所記，趙氏在

【一】《左傳》昭公三年載趙文子云：「溫，吾縣也。」

該縣建有祖廟。

再看原縣。其第一任大夫確是趙衰（《左傳》僖公二十五年），但繼任者並非其子趙同。據《左傳》，僖公二十八年即有原軫將中軍的記載，距趙衰始任原大夫只有三年。原軫即先軫，因其在原縣任大夫故稱原軫（舊釋原邑為先軫之食邑，未必合適），就像後來的趙同稱為原同一樣。倒是趙同什麼時候任原大夫，於史無徵。《左傳》成公五年記「原、屏放諸齊」，原即指原同，亦即趙同，其為原大夫當在此前。成公八年，趙同被誅，原縣自然成為公邑。至昭公七年，韓宣子又以州邑與樂大心交換原縣。則不知何時，原縣又歸了樂氏。

以此看來，溫、原二縣都數易其主，並非大夫的世襲采邑。退一步說，即使是賜給大夫的食邑，也是國君可以隨便予奪的，具有國君直屬地的性質。下面的例子更能說明這個推論。《左傳》成公十一年載有郤至與周爭鄇田之事例。鄇是溫之別邑，郤至是溫的大夫，不願鄇成為周之別邑。直到晉侯讓郤至不必爭，才算了事。此又可見無論溫或鄇都只是國君的直屬地，亦即公室的邑，而不是大夫私人的采邑，所以晉侯可以命令郤至不要爭田。

上述情況說明晉縣的地位在春秋中期已經逐漸起了變化。雖然滅國為縣與南陽之田諸縣都是邊縣，但性質已有不同。變化似應在春秋後期產生。

但春秋中期的晉國，也並不是所有的縣都變成公邑，也還存在大夫的采邑，如楚的申公屈臣奔晉，晉先以其為邢大夫，後其子又世襲為邢伯或邢侯，則是明確以邢作為采邑。

晉、楚的邊縣雖然具有國君直屬地的性質，而且其長官縣大夫和縣公並非世襲。但其基層組織尚未經過重新改造（即尚未從氏族組織改造成為什伍鄉里），且縣的幅員未經過有意識的劃定，故還未成為郡縣之縣。晉的邊縣還有別邑，如溫的別邑有鄇有州，似乎還經過規劃，而楚縣完全是以國為縣，舊國與新縣之間除了主人換了以外，尚無行政組織方面質的變化，甚至口頭上仍稱縣為國。如楚靈王問右尹子革道：「諸侯其畏我乎？」子革說：「畏君王哉，是四國者，專足畏也。」（《左傳》昭公二十年）所謂「四國」即指為楚滅國所建的陳、蔡及東西、不羹四縣。後來楚平王篡位，為了平息輿論，讓陳、蔡兩縣復建為國，也不出現任何實質性的變化。所以春秋楚縣雖為國君之直屬地，但這只是開始脫離封建制的標誌，還遠未成為郡縣之縣。而且因為楚縣的地域太大，又以世族為縣的長官，專權過甚，就有引起叛亂的危險。楚大夫申無宇舉了許多例子證明「末大必折，尾大不掉」的道理，並明確地說「夫邊境者，國之尾也」，以此警告楚靈王（《楚語》及《左傳》昭公十一年），但靈王未加重視，終至死於蔡縣縣公的叛亂中（《楚世家》）。春秋時，楚只是在邊境地帶滅國為縣，其內地不曾置縣，與晉不同。因此從楚的邊縣不大看得出由縣邑到郡縣的變化過程，這一過程主要發生在晉國。因為晉不但在邊地滅國為縣，以周王所賜南陽之田設縣，而且在內地還改造大夫的采邑為縣，這才將縣邑朝郡縣方向的轉化大大地促進了。

以上對春秋資料的分析表明，秦是否有縣邑之縣，尚屬可疑。楚則只在邊境置縣，唯有晉之縣邑則普及全國。

三、春秋時其他諸侯國之縣邑制

春秋時期除了上述秦、楚、晉、齊等國在文獻裡有着與縣有關的記載外，吳國也有一條相關的史料。《史記．吳世家》云：「王餘祭三年，齊相慶封有罪，自齊來奔吳，吳予慶封朱方之縣，以為奉邑。」不過此事於《左傳》襄公二十八年但云「吳句餘予之朱方」而已，未出現有縣字。然其時縣邑通稱，書縣與不書縣未必有絕然的分別。此外還有一重要現象是，有些諸侯國的地方組織雖稱邑，但其性質卻與縣無異，魯國的情況就是這樣。

先是魯大夫之家臣亦有食邑或食田，《左傳》成公十七年：「施氏之宰有百室之邑。」襄公二十九年：「公治致其邑於季氏，而終不入焉。」這些邑與縣邑之縣相似。大夫派士去治理封邑以外的別邑，稱邑宰。如《論語》裡就有魯國大夫季氏使孔子之弟子閔子騫為費宰，子游為武城宰，子夏為莒父宰的例子（《論語》之〈雍也〉及〈子路〉篇）。費、武城、莒父都是當時的邑名。縣的長官也稱宰，孔子自己也曾被魯定公命為中都宰（《史記．孔子世家》）。縣宰由諸侯任命，比大夫任命的邑宰地位要高。但在齊、魯，縣之長官一般稱大夫。

四、從縣邑之縣向郡縣之縣的轉型

郡縣之縣與縣邑之縣至少應該有四個差別。一是郡縣之縣不是采邑，而完全是國君的直屬地；二是其長官不世襲，可隨時或定期撤換；三是其幅員或範圍一般經過人為的劃定，而不純是天然地形成；四是縣以下還有鄉里等更為基層的組織，這正是戰國時期縣的基本特徵。這些差別的形成正表明了從縣邑之縣過渡到郡縣之縣過程的完成。任何制度都不是一蹴而就的，同樣的道理，這一過渡時期也是漫長的。

楚的內地在春秋時期大約始終沒有設縣，而保持着封建形態的國野制度。前面已說到楚靈王眾叛親離的時候，其右尹先是勸他「待於郊以聽國人」，顯見楚在內地未曾設縣，所以我們難於把楚國春秋時期的縣與戰國時期的縣銜接起來，看出楚國的縣邑之縣如何轉化為郡縣之縣。而晉國卻不一樣，在邊境與內地都普遍設縣，於是這一轉化過程就在春秋後期顯示出來了。顯示這一轉化過程的標誌性事件發生在晉頃公十二年（前五一四年），這一年晉國異姓大夫之間發生一起著名的兼併行動。韓、趙、魏、知、范、中行氏六家大夫聯合滅了祁氏與羊舌氏兩家，於是「分祁氏之田以為七縣，分羊舌氏之田以為三縣」。任命十人為縣大夫，即「司馬彌牟為鄔大夫，賈辛為祁大夫，司馬烏為平陵大夫，魏戊為梗陽大夫，知徐吾為塗水大夫，韓固為馬首大夫，孟丙為盂大夫，樂霄為銅鞮大夫，趙朝為平陽大夫，僚安為楊氏大夫」。這些人之所以當上縣大夫或因有功而受祿，如賈辛與司馬烏是「有力於王室」；或因是世族子弟而受蔭，如知、趙、韓、魏四人是掌權四家大夫之餘子；其餘四人則是因為賢明而被推舉。

其時晉國是魏獻子當政，魏戊是其庶子，戊被任為縣大夫，魏獻子還擔心有人講閒話，問另一大夫成氏道：「吾與戊也縣，人其以為我黨乎？」成氏列舉魏戊之善，而後說：「雖與之縣，不亦可乎！」這不但說明其時大夫之子雖有優先出仕之特權，但受命者尚需有才有德才行，還可見此時之縣大夫已不都是食采之人，而是如同後世的官僚。上述十縣也並不是采邑，若是采邑，則盡可屬之以親戚，不必防備閒言了。說這些縣不是采邑，還有兩個證明，第一，縣大夫都要到該縣履職，並非呆在國都而享受該縣之采。賈辛在去祁縣前朝見魏子，魏子說：「行乎，敬之哉，毋墮乃力。」這完全像是後代知縣陛見時，皇帝勉勵的話。再者，魏戊到梗陽後，有一件案子無法處理，就轉報中央定奪。這一方面表示魏戊是國君的命官，同時又表明中央與地方之間存在行政關係，若是依照封建制，則大夫的采邑是與諸侯無關，相對獨立的實體，無須將案子上報的。更有甚者，魏獻子本來想接受賄賂，曲斷此案，卻被魏戊使人所勸阻，更說明連在中央執政的魏獻子也不能將梗陽當作自己的私邑。

上述以親舉者之四人，及有力於王室之二人自然都是魏獻子所熟悉的，只有以賢所舉之四人於魏獻子是素不相識，所以「皆受縣而見於魏子，以賢舉也」。這又說明這四人的任命與宗法制無關，而且舉賢不舉親，正是官僚制區別於封建制的特點之一。

以上是從官僚制產生的角度來分析，若從行政區劃的出現來看這十縣的分割也同樣是標誌性的。無論是楚、是晉，起初都是簡單地以國為縣（如楚之實縣申、息），或是以邑為縣（如晉之溫縣、原縣），並不對這些國或邑加以地域上的改造（別邑是否是一種改造方式，現在尚不明。州一說是溫之別邑，但據《晉語》，周王所與晉國南陽之田中已有州邑），既不改造，則縣與縣之間的幅員與所包含的人口可能相去甚遠，於行政管理不便。後世的政區在層級、幅員與邊界的劃定方面都有一定的規範，如秦代就規定了縣大率方百里的幅員。晉國新置的這十縣是由大夫的封建采邑重新疆理而設置，如羊舌氏原來是兩邑之地，這時劃為三縣，說明是朝着正式政區邁進了一大步。

當然十縣大夫的任命還處於過渡階段，因為十人之中，有四人是四家有權勢的大夫之子，這是權力平衡的政治措施。而且縣以下的基層組織是否經過改造，還不清楚。縣大夫是食祿，還是另有采邑，也還不明朗。但無論如何，地方官員和行政區劃的雛形卻在這裡出現了，因此完全可以把公元前五一四年，晉國設置十縣的行動作為地方行政制度萌芽的標誌。

縣是縣鄙，縣是縣邑，縣是郡縣。由縣鄙得縣之名，由縣邑得縣之形，由縣的長官不世襲而得郡縣之實。這或者可以看成是縣制成立的三部曲。對應於縣邑之縣與郡縣之縣的差異，縣的長官則有食祿而不食邑，臨民而不領土，流動而不世襲的特點。

采邑（私邑，相對獨立、封建制），食邑（公邑，在封建與郡縣之間），食祿（郡縣制）；有土有民（采邑），有民無土（公邑），臨民而治亦即無土無民（郡縣）。也是縣制成立的另外兩種三部曲的表現形式。

郡縣的產生可能經過兩個階段，第一階段是食田的縣制代替了食邑的采邑制，第二階段是食祿的郡縣兩級官僚制度更趨於完善。《晉語》載：「大國之卿，一旅之田；上大夫，一卒之田。」這是食田之制。欒武子便有一卒之田，這是俸祿制萌芽。這種食田，一般是任職授與，去職交還。

但地方行政制度的形成並不單是地方一頭的事，同時也是中央集權已經產生的標誌。只有中央對地方有強大的控制力，才有任命非世襲地方官員的可能，否則即使有新領土也必然要走封建的老路。而此時的晉國，已是中央集權的諸侯國。經過獻公時代清除群公子的措施，晉國已將權力集中在國君手中，不會再出現過去兩晉並立的情況。但為了集權，為了掃清同姓分裂的隱患，晉國的國君不得不利用異姓大夫的力量，從而使這些異姓大夫的勢力逐漸強大起來。當國君能力較強時，他只是利用這些大夫輪流執政，不至於出現其他問題，如晉文公就因權力的集中與對臣下駕馭的得當而稱霸。但執政大夫權力太大，畢竟要影響國君的專權，所以到晉厲公時企圖收回執政大夫的權力，而實行君主專權，但未能成功。此後異姓的世族大夫始終牢牢地控制着晉國的中央權力，各家大夫之間則輪流執政並互相兼併。國君無權並非等於不存在中央集權形式，只是權集中於執政者手裡，而不在國君手裡而已。這在春秋後期是一個普遍性的問題，一方面是中央集權制的萌芽，另一方面卻是國君權力的喪失。這就是孔子所說的「陪臣執國命」的階段。西周時期是禮樂征伐自天子出，春秋中期以前則自諸侯出，到此時，則是從大夫出了。世襲的領主制無可奈何地讓位給了官僚地主制。

本文原載《中國歷史地理論叢》第三輯（一九九七年），收入本文集時略加訂正。

從漢代「部」的概念釋縣鄉亭里制度

《漢書．百官公卿表》云：「大率十里一亭，亭有長。十亭一鄉，鄉有三老、有秩、嗇夫、游徼……縣大率方百里，其民稠則減，稀則曠，鄉、亭亦如之，皆秦制也。」對這段話最簡單的演繹必然是：漢代縣以下的地方行政組織是積里為亭，積亭為鄉，積鄉為縣。但這樣演繹要遇到一個困難，即漢制一里大約百戶，[一]層層累積，則每鄉已有萬戶之眾。而秦漢制度萬戶以上稱為大縣，顯然與此演繹存在矛盾。然而自南北朝以來，人們對於漢代縣鄉亭里關係的認識一直如此，雖有矛盾而置之不理。《宋書．州郡志》曰：「漢制……五家為伍，伍長主之；二五為什，什長主之；十什為里，里魁主之；十里為亭，亭長主之；十亭為鄉，鄉有鄉佐、三老、有秩、嗇夫、游徼各一人。」清人俞正燮更進一步說：「漢則五家為伍，十家為什，百家里魁，千家亭長，萬家鄉三老、嗇夫。」[二]雖然清初顧炎武已看出這樣演繹有問題，提出漢代制度是「以縣統鄉，以鄉統里」，但又無由否定「十里一亭」、「十亭一鄉」的白紙黑字，陷於進退維谷的境地。[三]而耐人尋味的是乾嘉諸儒及清末民初的學者——尤其是一代大師錢大昕與王國維，對漢代縣以下制度都不置一詞（王氏只言及亭燧之制而不及鄉亭里關係），不知是無暇顧及還是知難而退。要之，直到二十世紀三十年代以前，對於漢代的縣鄉亭里制度基本上未展開深入的研究。

二十世紀三十年代以後，隨着制度史研究的深化，縣以下行政組織的結構引起眾多學者的關心，於是對上引〈百官公卿表〉那段話各自進行詮釋，開展爭論，至今已歷時六十餘年，牽涉到的中外學者不下數十位，論著不下數十種。然而這場爭議並未結束，於今尚無一致的定論。若把數十種意見歸納起來，主要是三大類：第一類以岡崎文夫為代表，他將〈百官公卿表〉的表述與《漢官儀》作比較，認為「十里一亭」的「里」是道里之里。但同時又不放棄舊說，承認縣—鄉—亭—里的逐層統轄關係，結果無法自圓其說；【四】第二類以王毓銓為代表，否定存在「十亭一鄉」的制度，認為「十亭一鄉」不過是「十里一鄉」傳抄之誤，而「十

【一】《續漢書·百官志五》。
【二】《癸巳類稿》卷一一。
【三】《日知錄》卷二二。
【四】參見岡崎文夫《魏晉南北朝通史》（東京：弘文堂，一九三二年）。勞榦〈漢代的亭制〉（《史語所集刊》第二十二本，一九五〇年）、嚴耕望《中國地方行政制度史》（史語所研究專刊，一九六一年）中闡述的觀點與岡崎氏相類，但嚴先生已注意到亭部的概念，唯未能將之與「十亭一鄉」相聯繫。

里一亭」則是交通與警察制度，此處之里是道里之里，不是鄉里之里；【二】第三類以日比野丈夫為代表，認為積亭為鄉從地域角度來看是完全可能的，同時里也可以包含在亭部之中。只要放棄一里百戶和鄉亭里的十進統計關係，就不存在任何矛盾了。【三】

這三類意見反映了研究步步深入的三個階段。第一類意見雖已看出「十里一亭」是交通制度，但無法在交通、警察制度（「十里一亭」）與行政制度（「十亭一鄉」）之間搭一橋樑，只好沿襲舊說，不能解決問題。第二類意見開闢了一條新思路，但認為〈百官公卿表〉傳抄錯誤則過於武斷，於情理不合。若真改「十亭一鄉」一語為「十里一鄉」，不但與上文口氣不相銜接，亦無由解釋班固何以要將不相關的兩個系統寫在意思連貫的一段話裡。第三類意見注意到亭部的地域概念，使「十鄉一亭」有可能成立，又前進了一大步，但對「十里一亭」的解釋仍回到老路上，有勉強湊合之嫌。由於以上這些見解都無法圓滿地詮釋〈百官公卿表〉表述的史實，只能各執一端，且不能自堅其說，必須要以某種假設做前提（王說假設文獻有誤，日比野說假設制度和統計有別），因此誰也說服不了誰。有鑒於此，本文企圖從另一個角度來作出解釋，為此須先從漢代「部」的概念說起。

秦始皇統一天下之後，在全國推行郡縣制，郡和縣都是行政區劃，是與行政管理制度有關的地域概念。漢代承繼這一制度，只不過增設了與郡平行的王國，與縣平行的侯國而已，表面上看來變化不大。但實際上，西漢時期在改革監察制度的同時，逐漸產生了處在郡（國）縣制背後的、層次分明的監察地域的概念，長期以來為人所忽視。秦的監察制度至今尚不十分清楚，只能稍作推測。《史記．秦始皇本紀》載：「二十六年（前二二一年），分天下為三十六郡，郡置守、尉、監。」雖然守、尉、監並提，但前二者是地方官員，而後者則是中央官員，不然如何執行監察任務？由此記載又可看出秦代的監察區是與行政區重合一致的，郡既是施政區域，同時也是監察區域。到了西漢，監察制度就比較清晰，並且有了某些根本的變化。清晰的是監察官員的層層派出：監察郡守的刺史由中央派出，監察縣令長及其屬吏

【一】參見王毓銓〈漢代「亭」與「鄉」「里」不同性質不同行政系統說〉，《歷史研究》第二期（一九五四年）。王先生在文章的註釋中已提到亭部「想係指亭的轄地而定」，但未意識到亭部是鄉的區劃，因此於「十亭一鄉」仍置之不理。

【二】參見日比野丈夫〈鄉亭里についての研究〉，原載《東洋史研究》十四卷一、二合併號（一九五五年），又作增補載其所著《中國歷史地理研究》（東京：同朋舍，一九七七年）。在日比野氏之後宮崎市定又有一種新意見，以為縣、鄉、亭是本質相同的聚落，所以如果不拘泥於「十」這個具體的數字，那麼「十里一亭」、「十亭一鄉」與「十里一鄉」在某種意義上都可以並行不悖。此說法顯然過於勉強，可存而不論。但宮崎氏又認為亭所轄是十里見方的一塊地域，卻是不錯的（見宮崎氏所著《アジア史論考》，朝日新聞社，一九七六年）。

的督郵由郡派出，監察一般百姓的鄉官部吏由縣派出。有根本變化的是監察區與行政區的分離：部是監察區，而郡縣鄉是行政區。第一層監察區是刺史部和司隸校尉部，每一部監察數郡；第二層監察區是督郵部，一郡往往分成二至五個督郵部，分別監察數縣至十來縣不等；第三層是縣以下所分出的廷掾部，以監察屬下的鄉；第四層則是鄉以下的亭部，理論上每鄉分為十個亭部，以監察位於部內的里。

四層監察區中刺史部最為人所熟知，督郵部次之，亭部又次之，廷掾部的存在最為模糊，而由這樣四個層次的部所組成的監察地域系統則很少引起人們的注意。這個系統與郡縣制的關係可表示如下：

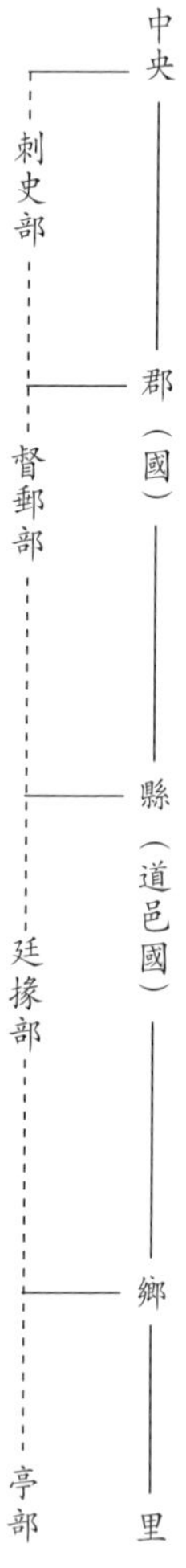

郡、縣、鄉、里之間有統轄關係，故用實線連接；各部之間並無統轄關係，故以虛線維繫。看了上面的圖式，大約就會明白上引〈百官公卿表〉那段話的含義了。

先說「十亭一鄉」。在秦漢的地方行政組織系統中，郡、縣、鄉三級都是既有地域又有戶口的，到了里一級則只有戶口而無地域了。里只是一個有圍牆、有里門的居民點而已。因此鄉以下的地域分為亭部。換句話說，郡是國家的區劃，縣是郡的區劃，鄉是縣的區劃，而亭部則是鄉的區劃。大致說來，一個鄉劃成十個亭部，而亭部又可省稱為亭，這就是所謂「十亭一鄉」的意思。而實際上在每個亭部上都設有亭的機構與建築，故「十亭一鄉」的「亭」，無論當其為亭部還是當其為亭都沒有問題。〈百官公卿表〉所說的「鄉亭亦如之」，就是說明鄉亭與縣一樣，在分劃地域範圍時，戶口多些的地域就劃得小些，戶口少些的地盤就劃得大些。如果亭（實即亭部）不是地域概念，這句「鄉亭亦如之」的話就說不通了。同時，漢代又有「國家制度，大率十里一鄉」的記載，【一】這是從鄉所包含的居民點來說的。所以里（居民點）與亭部是相對應的，平行並存的。也就是說，一般而言，是在一個亭部的範圍裡容納着一個里。里是用來體現戶籍的，而亭部則是用來體現地籍的。

再說「十里一亭」。此處之里是道里之里，也就是說每十里路設有一亭。傳統的理解則認為此處之里是鄉里之里，以為秦漢的制度是積里為亭，再積亭為鄉，而後積鄉為縣，這就必然要產生萬戶鄉的毛病，所以這個里必定是道里之里。問題是班固在說這段話時行文的口氣

【一】《續漢書．百官志五》引應劭《風俗通》。

是一貫的，如果上文說的是道里制度，而下文又說的是地域概念，好像串不到一塊。所以歷來解釋〈百官公卿表〉這段文字的都很難自圓其說。其實再仔細推敲，道里制度與地域分割兩者之間有一定的關聯，而居間搭橋的正是「亭」。請看下圖：

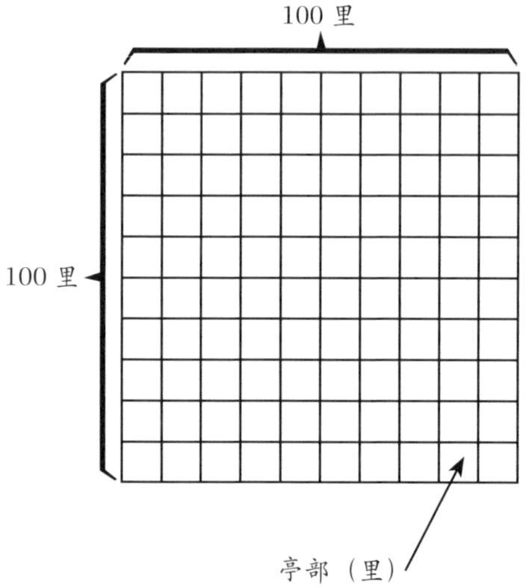

縣的地域結構圖

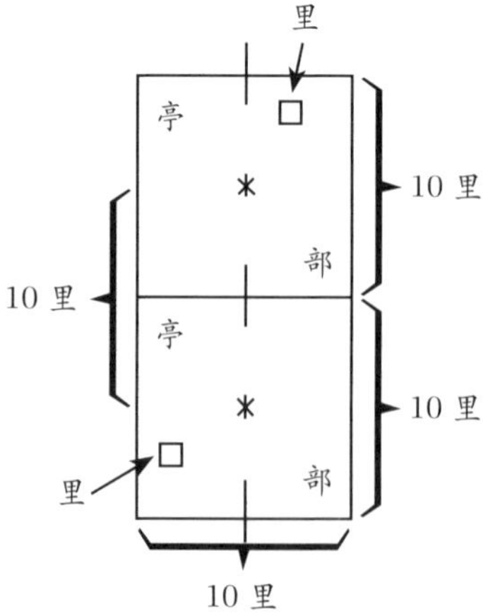

亭部細圖

這是一個理想縣的地域分劃圖。秦漢制度「縣大率方百里」，這「大率」就是一種理想，在北方一馬平川的形勢下可以大體上得到貫徹，在南方多山地帶就得變通。但行政制度都是按標準狀態設計的。方百里就是百里見方，長寬各百里。而這方圓百里的範圍內正好可以劃分成一百個里（居民點），每個里若有一百戶，全縣正好萬戶，這是標準縣的戶數，以上為大縣，以下則為小縣。所以「縣大率方百里」與縣轄有一百個里是一致的（這或許就是為什麼道里之里與居民之里是同一個字的道理）。上文已提到，里（居民點）與亭部是對應的，一百個里對應着一百個亭部，每個亭部就是方圓十里，亦即長十里寬十里的地域。每個亭部設一個亭，有一個亭長，「司奸盜」；並有一個亭舍，接待來往官吏。由於亭部長寬各十里，因而這個亭又可兼作道路上「十里一亭」的亭，亭長既負責一亭部的治安，又兼顧十里道路上的郵遞事宜，這不正符合了「十里一亭」、「十亭一鄉」的制度了嗎？因此上圖中每個小方塊相當於一個亭部，其中容納着一個里（亭部細圖中的小方格），星點則代表亭。

當然，借用物理學上的術語來説，上面所説只是一種標準態。現實中則是這一標準態的各種變態。例如，每里不一定是百戶。從長沙馬王堆出土的《駐軍圖》看，在標明戶數的里中，最高的一里是一百〇八戶，最低的里只有幾戶，有百分之四十的里在三十至六十戶之間。但這是邊區，並且是丘陵山地地帶的情況，平原地帶應該規範一些。當然無論如何規範，每鄉亦不見得都是十里或千戶，每縣更不一定是十鄉或萬戶。而除了北方少數的例外，也恐怕很少有哪一個縣是標準的棋盤狀。因此，縣、鄉、亭（里）三級組織的數量比例不可能是完全的十進制。據〈百官公卿表〉載，西漢末年「凡縣、道、國、邑千五百八十七，鄉六千六百二十八，亭二萬九千六百三十五」，則平均每縣不到五個鄉，每鄉亦不足五個亭。縣多而鄉少，有一個很重要的原因是大量的侯國——這些侯國再小也是縣級單位——其實只有一鄉甚至不足一鄉之地的緣故。鄉多而亭少的原因不是很清楚，但恐怕與交通路線有關。實際上重要道路不可能佈滿於各里之間，有些偏遠的里也許只有不設亭驛的阡陌式小路，在這樣的情況下亭就減少了，但里倒不一定減少，也許在一個亭部的地域內含有一個以上的里。

雖然縣、鄉、亭在總數上不符合名義上的十進制，但並不影響「十里一亭」、「十亭一鄉」制度的規定，因為制度的設計總是要按一定的模式來進行的，這個模式是以當時政治、經濟、文化重心所在的地區為背景來建立的。在秦漢時代，這一地區就是黃河中下游平原。譬如說，縣的幅員何以要規定為百里見方？這個問題似乎從來沒人問過，史書上亦無現成答案，但想來是為了勸農、收税與訴訟的方便。假設縣治是在該縣的幾何中心，則從該縣的邊緣到縣治的直線距離是五十里，約略是今天的十七公里半，這樣的距離對於步行者來說，恰好是一天可以走一來回的路程。過大過小都不合適，所以規定為方百里。但這一標準肯定是以黃河中下游平原人口適中的地區為背景制定的，在人口過密的經濟發達區或南方山區與邊郡空曠地帶，方百里的制度必定實行不了，所以才需要以「其民稠則減，稀則曠」的補充原則來作調整。「十里一亭」與「十亭一鄉」的比例關係也與此相同，必定是實行於標準背景下，如果是在人口稠密地區，譬如西漢潁川郡每縣平均二萬餘戶，濟陰郡每縣三萬餘戶的情況下，則每鄉恐怕不只十亭；而在如上谷郡、合浦郡那樣每縣平均只有二三千戶的情況下，一鄉自然不及十亭。看來在全國範圍內，一鄉不足十亭的情況很普遍，所以平均起來是鄉多而亭少。

中國制度文化的特點之一就是高度的規範化。例如《周禮》陳述的一整套嚴密有序的行政制度在當時的世界上是無與倫比的，但《周禮》的規範並不見得全推行於實踐之中，有些恐怕始終停留於書面上。「十里一亭」與「十亭一鄉」制度必定也是規範意識的產物，我們的意圖是證明這一制度在實際上可以行得通，而不是要證明它適合於漢代全境的任何地區。所以縣、鄉、亭在總數上不符合十進制，並不能否定「十里一亭」、「十亭一鄉」制度的實際存在。

漢代的縣鄉亭里制度，如果依上面的解釋看來既簡單，又與各種文獻不相矛盾，在漢代肯定習以為常，認為是很普通簡單的制度，所以班固未曾詳細介紹，只用一句話就帶過，想不到後人對之百思不得其解。六十年來對縣鄉亭里制度的討論雖不斷深入，但仍未能解決問題，其癥結在於從前的思路都只在「亭」屬於什麼性質的組織上面打轉轉，未從地域概念方面去把握它；而當有的學者已注意到亭（亭部）的地域意義時，又未能將亭的雙重身份——道路上每隔十里一座的亭與管理亭部的亭——統一起來。一旦這兩方面的思路打開，問題好像一下子顯得十分簡單了。

上面為了便於說明「十里一亭」和「十亭一鄉」的實質，所以對「部」的存在與其性質只作結論性的敘述，未曾詳細論證。以下就來依次作補充說明。

一、刺史部。漢武帝元封五年（前一〇六年），設十三刺史部，每部監察四五郡至九十郡不等。【一】後又設司隸校尉部，察三輔、三河、弘農七郡。兩者合而為十四部。東漢省朔方刺史部，成十三部。因十三刺史部中有十一部以某州命名，故又習稱十三州，又常簡稱為州部或部，如冀州刺史部可稱冀州，亦可稱冀部。刺史秩六百石，以六條問事，主要監察對象是秩二千石的郡國守相。除了兩漢部的數目有所不同，及漢武帝初置刺史部時所轄郡目這兩方面不大為人所知外，刺史部制度久為治史者所熟知，無需贅述。

二、督郵部。督郵部是假定的名稱。在郡國守相的屬員中有督郵一職，起着監察縣令長及其屬吏的作用，即所謂「（守）相以督郵為耳目也」。【二】小郡可以不分部，由督郵一人巡行各縣以司監察之責，大郡則需分部監察。如《漢書．尹翁歸傳》載，田延年為河東太守，分所部二十八縣為兩部，「閎孺部汾北，翁歸部汾南」。尹翁歸為宣帝時人，督郵分部的記載最早見此。所分之部不像刺史部那樣有專稱，姑仿刺史部之例名之曰督郵部。東漢以後，督郵分部記載甚多。《續漢書．百官志》云：「其監屬縣，有五部督郵，曹掾一人。」雖不見得每郡都分五部，但分部必定已很普遍，故五部督郵已成定名。亦有作四部督郵，或作三部督郵者。【三】督郵權力很大，以監察縣令長為主，甚至郡太守要驅逐縣令亦要假督郵之手。《後漢書．陳球傳》載，陳球任繁陽縣令時，魏郡太守向其索賄不得，遂怒而撾督郵，欲令逐球，然遭拒絕。督郵也兼察鄉官部吏。《後漢書．鍾離意傳》言鍾離意為郡督郵時，有某亭長受人酒禮被記錄在案，本來應受處分，不料鍾離意覽此記後卻建議太守不予追究。

三、廷掾部（或稱五官部）。廷掾部也是假定的名稱。此部的存在最為模糊。在縣令長的屬員中有五官一職，《續漢書．百官志》曰：「五官為廷掾，監鄉五部，春夏為勸農掾，秋

【一】參見拙文〈漢武帝十三刺史部屬郡考〉，《復旦學報》第五期（一九九三年）。

【二】《北堂書鈔》卷七七引謝承《後漢書》。

【三】參見《漢官》及《後漢書．高獲傳》註引《續漢書》。

冬為制度掾。」「監鄉五部」應該是將縣所屬諸鄉分為五部進行監察的意思。但五部恐怕也是虛詞，與五部督郵一樣，不必盡有其實，只表示有分部監察的做法而已（因為五是表示東南西北中各方位都佔全）。而且屬鄉不多的縣亦不見得都分部。同時廷掾的責任也是兩兼的，既負責監察，起制度掾的作用；又負責勸課農桑，發揮勸農掾的功能。監察的對象應是鄉吏亭長一類。

四、亭部。亭部的存在歷來不大受重視。除少數學者外，在討論縣鄉亭里制度的文章中不大提及亭部這個重要概念，只側重於亭的分類與性質的討論。兩漢亭部的實質由《漢書．張禹傳》的一段記載可以看得很清楚，故先抄錄如下：

> 禹年老，自治塚塋，起祠室，好平陵肥牛亭部處地，又近延陵，奏請求之，上以賜禹，詔令平陵徙亭它所。曲陽侯根聞而爭之：「此地當平陵寢廟衣冠所出游道，禹為師傅，不遵謙讓，至求衣冠所游之道，又徙壞舊亭，重非所宜。孔子稱『賜愛其羊，我愛其禮』，宜更賜禹它地。」根雖為舅，上敬重之不如禹，根言雖切，猶不見從，卒以肥牛亭地賜禹。

由這段話可看出肥牛亭部是平陵縣（正式名稱是平陵邑）的一部分地區，亭部之內設有一亭（即肥牛亭），該亭歸平陵縣管轄；當亭部之地賜給張禹私人以後，這個官家之亭就要遷到其他地方去。而且肥牛亭原先是位於平陵（漢昭帝陵）寢廟衣冠出游道上的，現在亭既遷往他處，衣冠出游之道也得隨之改變了。很顯然，肥牛亭部的地域性以及肥牛亭部與肥牛亭的關係，還有肥牛亭與道路的關係在這段記載裡是表現得一清二楚了，而這些關係正如在前文所已揭示的那樣。最後還應該注意到，在上面的引文中，賜給張禹的肥牛亭部地，在後來重提時簡稱做「肥牛亭地」，這正意味着「亭部」在許多情況下都被省稱為「亭」，所謂「十亭一鄉」實即十個亭部組成一鄉的意思，完全是地域概念而沒有任何戶籍的意義。

亭部的地域意義還表現在其他方面，如兩漢的買地券在申明土地的所在時總要標明是位於某某亭部的範圍內，【一】居延漢簡在說明地域範圍時也常使用亭部的概念，【二】陵墓所在、祥

【一】如曹仲成買地券：「光和元年（一七八年）……平陰都鄉市南里曹仲成，從同縣男子陳胡奴買長谷亭部馬領陌北塚田六畝……」（日本書道博物館藏，見仁井田陞〈漢魏六朝の土地賣買文書〉所引）。

【二】如「三月餘口粟一千九百六十八三鈞十斤……千石積高沙亭部，千七百八石積陷陳亭部，千六百八十七石積箕山亭部」（一七八點五）。

瑞所現也多用亭部來表示。【一】

亭部在某些情況下也省稱為部。《後漢書．左雄傳》載左雄所上疏曰：「鄉官部吏，職斯祿薄」，建議「鄉部親民之吏，皆用儒生清白任政者」。這裡的「鄉官」即指三老、有秩、嗇夫、游徼之屬，「部吏」即指亭部之吏，即亭長、亭父、求盜一類。鄉與亭部一起又常合稱為「鄉部」。《漢書．貢禹傳》云：「鄉部私求，不可勝供。」此處的部即指亭部，與上文的「鄉官部吏」相對照便可明白。日比野丈夫等日本學者以為「鄉部」即鄉，是一種誤會。亭部之首腦是亭長，有時也稱為部亭長，【二】猶如部刺史一般。其主要責任是「司奸盜」，實則包含監察一般百姓的意思。同時由於亭長是縣政府派駐各亭部的親民之吏，故也兼作部分簡單的平訟工作。

需要再次強調亭或亭部是不轄里民、不管戶籍、沒有戶口的。除了傳統説法「千家亭長」明顯錯誤外，還有因東漢分封亭侯而誤以為亭有戶口的，這個誤會從顧炎武開始到今日一直存在，故須略贅數語。西漢封侯一視同仁，無論功臣侯、外戚恩澤侯還是王子侯都是一個級別，侯國都是縣級單位。東漢稍變其制，封侯分為縣侯、都鄉侯、鄉侯、都亭侯、亭侯數等。鄉侯、亭侯都是級別的象徵，而並非一鄉之侯或一亭之侯的意思。例如袁安封安國亭侯，食邑五百戶，有人以為現實中有一安國亭，其戶口有五百戶。其實不然。安國亭侯的意思是安國—亭侯，而不是安國亭—侯。雖不排除袁安封在安國亭的可能，但其所封地域不必一定是安國亭的範圍，而是以安國亭為核心，劃出包含五百戶人家所出租稅的地域範圍來，作為安國亭侯的封域。即使所封恰好是安國亭部的範圍，其中的戶口也不歸亭所轄，而是屬所在的鄉里所管。

最後還要重申一點：亭部與其他三部還有一點不同之處。刺史部等三部是純粹的監察性質的地域概念，而亭部還有上面已經提及的作為鄉的區劃作用。換句話說，鄉及鄉以上的縣和郡包含有戶籍與地域雙重概念，而鄉以下這兩重概念分別由里和亭部來體現。或者說，郡是積縣而成，縣是積鄉而成，而鄉嚴格地說是積里與亭部而成。所以在文獻中有時是郡縣鄉里並提，有時卻又是郡縣鄉亭並提，出發點不同而已。在東漢成書的《太平經》中有兩段話不大引起人們的注意，卻又透露了縣鄉亭里制度的實質，特引如下，以作本文的結束。

【一】前者如《漢書．哀帝紀》載：「建平二年（前五年）七月，以渭城西北原上永陵亭部為初陵。」又如《後漢書．琅邪孝王京傳》載：「（京）葬東海即丘廣平亭，有詔割亭屬開陽。」此處之「廣平亭」實為廣平亭部的省稱，如同肥牛亭部處地可省稱為肥牛亭地。後者如《後漢書．章帝紀》載，元和二年（八五年），「九月壬辰，詔鳳凰黃龍所見亭部無出二年租賦」。

【二】《後漢書．卓茂傳》載：「人嘗有言部亭長受其米肉遺者，茂辟左右問之曰……」

其第四十五卷云：「今一大里有百戶，有百井；一鄉有千戶，有千井；一縣有萬戶，有萬井；一郡有十萬戶，有十萬井；一州有億戶，有億井。」這是從戶籍而言的，所以順序是州—郡—縣—鄉—里。第八十六卷云：「夫四境之內有嚴帝王，天下驚駭，雖去京師大遠者，畏詔書不敢語也；一州界有強長吏，一州不敢語也；一郡有強長吏，一郡不敢語也；一縣有剛強長吏，一縣不敢語也；一閭亭有剛強亭長，尚乃一亭部為不敢語。」這是從地域角度而言的，所以順序是州—郡—縣—（鄉）—亭部，只不過中間漏脫了鄉一級而已。

讀了這兩段話，縣鄉亭里制度應該說是清楚無疑了。

《聖諭》、《聖諭廣訓》及其相關文化現象

前些年在北京買到一部活字版（雅稱叫聚珍版）的《聖諭廣訓衍》，覺得很有意思，就想尋其本末，追其究竟，結果才知道原來「天天讀」這類現象，也是古已有之，並非盡是今人的發明。所謂「聖諭」，指的是康熙皇帝的十六條教導，發佈於康熙九年（一六七〇年）。所謂《聖諭廣訓》則是雍正皇帝對十六條聖諭的闡釋，頒行於雍正二年（一七二四年）。圍繞着《聖諭》與《聖諭廣訓》，曾發表刊行過一些重要的詮釋或講解性的著作，這些著作大量翻刻行世，蔚為大觀；同時，《聖諭》和《聖諭廣訓》本身又成為二百多年間全體百姓的行為準則，每逢初一、十五，都要由官方集會宣講。這兩方面構成了清代一個重要的文化現象，但這一現象早已湮沒不彰，本文則試圖將這一文化現象重新揭示出來，以作為文化史研究應該做的一個小題目。由於文章稍長，故先將節目列於下，以便檢索：

一、康熙《聖諭》與雍正《聖諭廣訓》
二、宣講《聖諭》與《聖諭廣訓》制度的確立與鬆弛
三、講解《聖諭》與《聖諭廣訓》的規定與儀式
四、詮釋《聖諭》的專著
五、《聖諭廣訓》的白話講解著作
六、《聖諭廣訓》的文言詮釋本及其他

七、《聖諭廣訓》的漢語方言本與民族語言本
八、《聖諭廣訓》的西文版與和刻本
九、詮譯《聖諭》與律法及善書的合流
十、《聖諭》與《聖諭廣訓》的普遍性及其末路
十一、清代宣講《聖諭》制度溯源
十二、結語

一、康熙《聖諭》與雍正《聖諭廣訓》

康熙《聖諭》雖然一共有十六條，但文字並不多，每一條七個字，只相當於兩首七律，全文如下（序號為筆者所加）：

（一）敦孝弟以重人倫，（二）篤宗族以昭雍睦，（三）和鄉黨以息爭訟，（四）重農桑以足衣食，（五）尚節儉以惜財用，（六）隆學校以端士習，（七）黜異端以崇正學，（八）講法律以儆愚頑，（九）明禮讓以厚風俗，（十）務本業以定民志，（十一）訓子弟以禁非為，

（十二）息誣告以全善良，（十三）誡匿逃以免株連，（十四）完錢糧以省催科，（十五）聯保甲以弭盜賊，（十六）解讎忿以重身命。

這些教導都是告訴老百姓做人的道理和應遵守的規章制度，如第一條「敦孝弟以重人倫」就是講做人的道理，而第十四條「完錢糧以省催科」就是說應該遵守的規章了。要求老百姓遵守這些行為規範的目的是為了維護清朝建立不久的政權。康熙皇帝發佈以上聖諭時，離清朝入關只有二十六年，全國尚未統一，南方有三藩盤踞，台灣還在鄭氏手中。在前一年，權臣鰲拜剛剛倒台，康熙才親攬全權，國內形勢是治安不良、百業待興、道義未具，國外還有俄國人入侵雅克薩，覬覦東北地區。因此而定十六條以為國家的安定措施。

發佈聖諭這一年康熙皇帝只有十七歲。十六條可稱面面俱到，當是與臣下認真商議的結果。有人以為，康熙的十六條聖諭是在順治皇帝「六諭」的基礎上發展而來的。順治六諭極其簡單，即「孝順父母、尊敬長上、和睦鄉里、教訓子孫、各安生理、毋作非為」，是照抄明太祖朱元璋的「聖諭六言」的，並不能滿足當時治理國家的需要。如果要說十六條是六諭的發展，那也是創造性的發展。在官方文件中似乎並不認為十六條與六諭之間有延續的關係。《清實錄》關於聖諭的頒佈有如下記載：「（康熙九年十月）癸巳（初九），諭禮部：朕維至治之世，不以法令為亟，而以教化為先。其時人心醇良、風俗樸厚、刑措不用、比屋可封、長治久安、茂登上理。蓋法令禁於一時，而教化維於可久，若徒恃法令，而教化維不先，是捨本而務末也。近見風俗日敝，人心不古，囂凌成習，僭濫多端，狙詐之術日工，獄訟之興靡已。或豪富淩轢孤寒，或劣紳武斷鄉曲，或惡衿出入衙署，或蠹棍詐害善良，萑苻之劫掠時聞，讎忿之殺傷疊見。陷罹法網，刑所必加，誅之則無知可憫，宥之則憲典難寬。念茲刑辟之日繁，良由化導之未善。朕今欲法古帝王，尚德緩刑，化民成俗，舉凡……（以下列十六條條文），以上諸條作何訓迪勸導及作何責成內外文武該管各官，督率舉行，爾部詳察典制定議以聞。」這是康熙皇帝告訴禮部必須以十六條為準則督成百姓遵守。這裡絲毫不提順治六諭。一個多月以後，禮部經過討論醞釀，向康熙作了報告，並得到批覆：「（十一月）己卯（二十六日）。禮部題：『皇上弘敷教化，特頒十六條，以示尚德緩刑，化民成俗至意，應通行曉諭八旗，並直隸各省府州縣鄉村人等，切實遵行。』從之。」

這以後，十六條聖諭就正式成為各種人等的行動準則，並且形成一種制度，即每逢初一、十五都要由地方官員和軍隊將領向士紳、百姓與軍人講解聖諭的真諦。在講解過程中還有各種儀式需要遵守，同時還有一些官員對十六條進行解釋，寫出專著，這在後文將另作詳述。

半個多世紀以後，雍正皇帝又對康熙《聖諭》進行演繹，加以闡釋，作成《聖諭廣訓》，以作為軍民等各階層的學習材料。《清實錄》雍正二年（一七二四年）二月丙午條載：「初聖祖仁皇帝（即康熙）御製上諭十六條，頒示八旗及直省兵民人等。自綱常名教之際，以至耕桑作息之間，本末精粗，公私鉅細，各舉要領，垂訓萬世。上（指雍正）以各條遵行日久，慮民或以怠，宜申誥誡以示提撕，乃復尋繹其義，推衍其文，共得萬言，名曰『聖諭廣訓』，並製序文，刊刻成編，頒行天下。」所謂「廣訓」就是對「聖諭」的演繹，每條都敷衍至六百字左右，成了一篇小文章，以把高度濃縮的七字真言化得明白一些。《聖諭廣訓》顯然是由朝廷的學者絞盡腦汁所起草的，因而文字簡潔明快，對識文斷字的人來說很容易理解。其每條字數最少的五百九十字，最多的六百四十四字，十六條合計一萬字掛零，因此後來又稱「聖諭廣訓萬言」或「萬言諭」。雖然萬言廣訓是用簡潔的文言文寫的，一般士子不會讀不懂，但對於沒有文化的老百姓來說，這種文謅謅的話還是難以理解，所以又有多種白話解釋本出現，其中兩種最為流行，一是《聖諭廣訓直解》，另一是《聖諭廣訓衍》。這些解釋本也將在後文詳加介紹。

由於《聖諭廣訓》是兩個皇帝的教導，必須經常讀、反覆讀，因此每月初一、十五（少數也有在初二、十六的）都要開講讀會，由地方官員與軍隊將領分別向百姓與士兵進行講解，一次講解若干條。清代本已存在鄉約制度，每逢朔望講解順治六諭，到康熙十八年就正式改為講解康熙《聖諭》（詳見後文）。但是，早在康熙十一二年時，省一級官員就有浙江巡撫在每月朔望之日會集百姓，講解十六條的舉措。縣一級官員如安徽繁昌縣的知縣梁延年，在康熙十幾年時，也每逢朔望之日主動召集士紳百姓，講解《聖諭》，受到當時江南總督與安徽巡撫的表揚並將此事上奏朝廷。嚴如熤《三省風土雜識》裡也説道，康熙年間川陝總督鄂海招募客民，於邊隘開荒種山，邑多設有招徠館，又飭州縣選報紳士耆民充為鄉鎮，宣講聖諭，城中朔望，山內場集，均為演講。康熙後期，廣東連山縣知縣李來章、潛江縣知縣朱軾也有朔望宣講聖諭的舉動，尤其李來章對於宣講聖諭更制定了一整套詳細嚴格的規則（詳見後）。又據日本《華夷變態》一書記載，在康熙二十六年（一六七八年）時，福州明倫堂也有朔望定期宣講聖諭的事。而由康熙二十八年山東蒙陰知縣陳朝君所著《蒞蒙平政錄》中所見，其時已將鄉村地方不講解聖諭十六條的情況視為「悖旨逆憲」，規定「鄉約社保人等每月逢三之日務於集社備廠，傳集鄉民，逐條細講」。這似乎是利用農民趕場時間進行宣講，每十天就有一次集會。

到了雍正的《廣訓》頒佈以後，每半月一次講解《聖諭廣訓》的集會已成為一種強制性的制度。雍正七年以後無論民間、無論部隊都已普遍實行半月讀的制度。乾隆、嘉慶、道光年間都不斷有上諭關於朔望堅持宣講《聖諭廣訓》的記載。雖然乾隆以後沒有一個皇帝能像雍正那樣發揮出萬字見解，但還是有一些小花樣，如道光皇帝專對「黜異端以崇正學」一條特別看重，將其衍為一大篇四字韻文。到了咸豐年間又有一個候補知縣將這些簡單的韻文「衍義」成更大一篇文章。而且講聖諭成為地方官員的一項必要工作。尤其高級官員常常親自宣講，以示隆重，道光以後此任務更成為各省學政不可推卸的職責。如鴉片戰爭後的道光二十六年八月，廣東學政全慶初到任，就公告將於十月初三新詣文廟上香，同時宣講聖諭。到同治光緒年間，這一制度繼續推行，而且有所發展，不但是用明白的官話，甚至還用當地的方言俗語進行講解，努力使聽眾能明白「萬歲爺的意思」，做個安分的老百姓，因為當時的局面比起清初來更加糟糕，更需要臣民的忠誠，而新的思想武器又沒有，只能沿用老辦法把死馬當活馬醫了。晚清反映社會生活的多棱鏡《點石齋畫報》就有過兩幅光緒年間宣講聖諭的畫面，其場面可與後面要提到的康熙年間縣鄉宣講情況相比照。不過遺憾的是同光時期的老百姓比二百多年前更聰明也更不聽話，因此無論《聖諭》，無論《廣訓》，都不能挽救大清帝國注定滅亡的命運。

話雖然如此說，但由於官方的強制性命令，老百姓對《聖諭廣訓》還是不得不讀，所以光緒初開業的點石齋印書局，其暢銷書以《康熙字典》和《聖諭詳解》為最，至少是千千萬萬的考生，不得不人手一冊。因為除了月月讀以外，《聖諭廣訓》還是清代童生考試的必試內容。雍正間已經規定，各縣童生考試（包括縣試、府試、院試與歲試）時，在復試時都要默寫《聖諭廣訓》中的一條。每條《廣訓》有六百字左右，如果錯了十個字以上，便判為不及格。不但不可有錯，而且不可有添改字樣。但監生不由童試而來，素未誦習《廣訓》，而生員於取進後（即考中秀才），日久不復循誦，所以到嘉慶十九年又規定，歲、科兩試，並貢監生錄科考遺，都要默寫《聖諭廣訓》一二百字。所以不管如何，這萬言的《廣訓》是學生都要熟讀甚至背誦如流的。另外十六條聖諭有時也是考試出題的依據。鴉片戰爭以後，雖有西學的引進，但並未因此而拋棄皇帝的教導，洋務運動中建立的福州船政學堂要求學生在課餘讀聖諭。一八九六年籌辦天津中西學堂，也把聘請講讀四書經史之學與《聖諭廣訓》的教習列在章程裡。清末舉行新政，遍建學堂，在欽定學堂章程中還規定「每月朔由總教習傳集學生在禮堂敬謹宣讀聖諭廣訓一條」，而且這個規定還有人感到不滿，以為光是月朔宣讀還不夠。所以即使是有識之士也不敢將《聖諭廣訓》排除在日常教育之外，一九〇二年羅振玉在《學制私議》裡有三點提案，其第一條就是「以聖諭廣訓作為修身的綱領，全國學校一律遵行」。一九〇五年廢除科舉制度，翌年學部奏定勸學所章程，要求各地設立宣講所，宣講內容仍首重《聖諭廣訓》。

更有甚者，連出國的留學生也無例外地要學習《聖諭廣訓》，據說第一批留美學生，每星期日都要由正、副委員（陳蘭彬與容閎）向學生講《聖諭廣訓》。雖然西洋沒有初一、十五，但一個禮拜西化六天，到第七天還得唸誦祖宗教誨，唯恐忘了根本。筆者數年前偶然看到一份珍貴的英文資料，是頒佈於一八八〇年的中國留美學生十條守則，其中最後一條，正是這一規定。也許正是因為這個思想上的辮子始終留着不放，最終還是導致留美幼童被中途撤回。但是令人覺得奇怪的是，這樣一個月月讀的制度實行了二百多年之久，涵蓋了整個清帝國版圖中的各色人等，甚至延伸到海外子民，而且與《聖諭廣訓》有關的書籍直到民國初年還在出版，甚至到抗日戰爭之前，知道《聖諭廣訓》的人還很多，但是在抗戰之後，這一制度就被人漸漸遺忘，以至於上面說到的事好像從來就未曾出現過。而類似的制度後來又一再重現，甚至更加衍生發展。歷史真是令人難以捉摸。

二、宣講《聖諭》與《聖諭廣訓》制度的確立與鬆弛

定期宣講《聖諭》與《聖諭廣訓》的制度到底如何確立，一直沒有人做過深入研究，大約因為材料太分散，難於尋出究竟，所以一般只能引述比較晚近的材料。其實對於如何宣講

《聖諭》與《聖諭廣訓》，在清代有過許多規定，這些規定散見於《清實錄》與歷朝朱批奏摺等文獻中，筆者花了一些時間，理出一些頭緒。茲先以嘉慶十七年重輯的《欽定學政全書》中《講約事例》一卷為綱，參以《學校規條》一卷及《欽定大清會典事例》等材料，以看出月月讀制度的形成及鬆弛的過程：

順治九年，「頒行六諭，臥碑文於八旗直隸各省」；十六年「議准設立鄉約，申明六諭」。這時的鄉約制度已規定朔望各講約一次，而且規定要挑選老成可靠的人作為宣講人。

康熙九年，頒發《聖諭十六條》。

十八年，浙江巡撫陳秉直，將「上諭十六條衍說輯為直解，繕冊進呈，通行直省督撫照依奏進鄉約全書刊刻各款，分發府州縣鄉村永遠遵行」。這個鄉約全書已規定每月朔望講解康熙《聖諭》，既頒發各府州縣鄉村遵行，所以這一年可以看成是由講順治六諭變成講康熙十六條的正式確立時間。當然由於慣性作用，還有的地方仍然在宣講順治六諭，受到一些地方官的批評。例如遲至康熙二十一年山東陽信縣還出過示諭，要求講解聖諭六條，這六條自然還是順治的六諭（康熙《陽信縣志》）。

二十五年，「議准上諭十六條令直省督撫轉行提鎮等官，曉諭各該營伍將弁兵丁，並頒發土司各官，通行講讀」。這是將本來只對老百姓宣講的聖諭，擴大到士兵與少數民族地區。

三十九年，「議准直省奉有欽頒上諭十六條，每月朔望地方官宣讀講說，化導百姓，今士子亦應訓飭恭請御製教條，發直省學宮，每月朔望令儒學教官傳集該學生員宣讀訓飭，務令遵守，如有不遵者，責令教官及地方官詳革從重治罪」。這是將朔望宣講制度進一步擴大到一般知識分子。

雖然從以上引文看來，似乎康熙十八年已經形成朔望宣講十六條的制度，但實際上其時這一制度還不嚴密，遠非普及於全國的強制性制度，甚至還有人表示不同意見。如在康熙三十八年黃六鴻所著《福惠全書》中，就討論了宣講的頻度問題。該書卷二十五〈教養部〉有〔講讀上諭〕一節，認為「今之上諭，城廂及村長、族尊，宜每月一讀，鄉耆宜四孟四讀。但州縣有司仿正月之吉及正歲一再讀之制，似覺太簡，亦宜四孟四讀」。顯然，黃氏只主張至多一年十二讀，一般則一年四讀亦可。並且讀多了並沒有好處，徒令聽眾生煩：「然愚以為典以敬為主，（宣讀）不宜太數，數則反瀆而易于怠矣。」而且據黃之觀察，當時能堅持朔望宣講者，只是表現特別好的地方官：「近見舉州縣卓異，俱開本官每月朔望講宣上諭十六條云云。」在浙江巡撫倡議半月一讀上諭的制度實行二十年之後，還有人如此公開表示不需要過於頻繁地宣讀十六條，並非表明黃氏個人膽大包天，而是說明當時實行強制性制度的環境尚未形成。到雍正時期，政治環境就沒有這樣寬鬆了。可惜的是這位黃六鴻在清代沒有人為他寫過傳記，哪怕三言兩語也好。我們只知道他在寫書當時是工科掌印給事中，此前當過郯城、東光兩縣的知縣。

五十二年，「直省老人慶祝萬壽聖節。賜燕後，欽奉上諭，遵旨行令直省、府州縣及各土司地方，照例於每月朔望，同《上諭十六條》通行講解」，這是康熙通過耆老強化朔望講解十六條的措施。

雍正二年，「御製聖諭廣訓萬言，頒發直省督撫學臣，轉行該地方文武各官暨教職衙門，曉喻軍民生童人等，通行講讀」。

三年，「議准士子誦習，必早聞正論，俾德性堅定，將《聖諭廣訓》萬言論、御製朋黨論頒發各省學政刊刻印刷，齎送各學，令司鐸之員朔望宣誦」。

七年，「奏准直省各州縣、大鄉大村人居稠密之處，俱設立講約之所，於舉貢生員內揀選老成者一人，以為約正，再選樸實謹守者三四人，以為值月。每月朔望，齊集鄉之耆老里長及讀書之人，宣讀《聖諭廣訓》，詳示開導，務使鄉曲愚民，共知鼓舞向善。至約正值月果能化導督率，行至三年，著有成效，督撫會同學臣，擇其學行最優者具題送部引見；其誠實無過者量加旌異，以示鼓勵；其不能董率，怠惰廢弛者，即加黜罰。如地方官不實力奉行者，該督撫據實參處」。

這一年可以看成是朔望講讀制度強制性實行的開端。過去雖有講約之所，但看來並不普遍，所以才明令在大鄉大村也要普遍設立。至於約正與值月職務的設立，已正式使宣講成為官方的強制行為，而且宣講《聖諭廣訓》成為地方官的一項重要工作，有獎懲制度予以制約，比康熙時代更形周密。雍正中任河東總督的田文鏡在《欽頒州縣事宜》中也特地列有「宣講聖諭律條」一項。我搜集到的道光八年陝西葭州儒學頒發的一張宣講執照上，也寫着「照得雍正七年奉令直省各州縣大鄉村俱設立講約之所宣講聖諭廣訓……」字樣。至於這一年全國到底設立了多少講約處所，現在尚未找到直接的材料。但乾隆十三年時，山西全省有個調查可作參考，當年該省有講約處所一千一百零六處（據《聖諭廣訓（直講）》跋），則粗略估計，全國至少當有兩萬處以上。雍正七年時或許不到此數。

當然在雍正七年以前，已有許多官員上奏，主張將雍正廣訓抬高到無上的地位，如雍正六年四月湖北總兵杜森上奏四條條陳，其第一條就說：「聖諭廣訓諄切萬言，化民成俗鉅細不遺，誠可表裡六經，大有裨益於人心世道者也……我皇上聖學天縱，超邁百王，廣訓萬言出經入史，愚魯之人耳而食之，驟難通達……恭請皇上將聖諭廣訓敕發翰林院將其中之詞句字義詳細註釋，務極淺顯通俗，頒發直隸各省文武官員捐資刊刻印刷成書，除朔望公所文武宣講之外，凡兵民人等逐家逐戶令其各請一本，敬謹供奉，早晚閒暇互相講貫，俾愚夫愚婦皆能耳受心通，自能潛移默化，則風俗愈厚，人心愈純矣。臣更有請者，兵民子弟初入鄉塾，應令塾師先教《聖諭廣訓》，次讀《論》、《孟》等書，講解次第亦然，是於蒙養之初聖諭精微早已淪肌浹髓，而又家弦戶誦，朝夕薰陶，則立身行己自無邪慝之虞矣。」這個馬屁是拍到家了，稱雍正的《廣訓》可以「表裡六經」，還將其擺在《論語》、《孟子》之上，而且有些提法如「各請一本」云云，我們似乎有些耳熟能詳。當然這是上有好者，下必有甚焉。類似杜某這樣的奏摺還有，雖然無此肉麻，但意思是一樣的。由於馬屁拍得太過，因此對這一條陳，雍正也只好批道：「此條可以不必。只在地方大吏實心奉行，如田文鏡（時任河東總督兼河南巡撫）、韓良輔（前一年任廣西巡撫，後革）者都有註解刊刻者，地方官非尋覓不得之物也。」不過一年以後，宣講《聖諭廣訓》正式成為強制性制度，實際上比杜森的意見有過之無不及。還有一個湖北學政于振，主張不但童生歲科復試要默寫《聖諭廣訓》，而且鄉試與會試也同樣要考。不過雍正不至於糊塗到這個程度，他批駁說，《廣訓》的意思就是訓蒙，也就是講給文化不高的人聽的，能參加考舉人、進士的人已有一定水平，哪有默寫《廣訓》的道理？

為了能促使宣講制度正常化，還給負責宣講的約正、值月等人發一定的津貼，起先由國家田稅收入開支，後來則由官員樂捐。

乾隆元年，「議准直省督撫應嚴飭各地方官，將約正、值月宣講聖諭之處，實力奉行，不得視為具文。又議准直省各州縣，於各鄉里民中，擇其素行醇謹，通曉文義者，舉為約正，不拘名數，令各就所近村鎮，恭將《聖諭廣訓》勤為宣讀，誠心開導，並摘所犯律條，刊佈曉諭。仍嚴飭地方官及教官，不時巡行講約之所，實力宣諭，使得人人共知倫常大義，如有虛立約所，視為具文者，該督撫即以怠荒廢弛題參，照例議處」。這是首次看到在皇帝命令中有「不得視為具文」字樣，看來雍正時期雖有強制性命令，但每月兩次宣讀《聖諭廣訓》大約已引起官員百姓兩方面的厭煩，雙方都是應付了事，才有乾隆這道更嚴厲的命令出現，要求認真執行講約制度，否則官員就有丟掉烏紗帽的危險。值得注意的還有，此時已有明確將《聖諭廣訓》與律例條文結合起來的做法，這顯然是軟硬兼施的辦法。另外，擔任約正的資格此時也有所降低，雍正時要舉貢生員才能擔當此任，而此時只要求素行醇謹、通曉文義的普通里民就可以。

二年，「議准約正、值月，原令州縣官於各鄉舉行，不論士民，不拘名數，惟擇其人以行化導之事。自宣講《聖諭廣訓》之外，並將欽定律條刊佈曉諭。比年以來，屢經嚴飭地方官與教官實力奉行，但恐各省之內，尚有未及刊佈之處，應再行令直省，轉飭各州縣，摘取簡明律例，並和睦鄉里之上諭，彙刊成冊，酌量大小各鄉村，遍行頒給。仍令州縣各官董率約正、值月，勸為宣講，該督撫嚴加查察，毋使視為具文」。既然將有關材料「彙刊成冊」，並「遍行頒給」，則雍正時杜森所要求的「各請一本」《聖諭廣訓》講解的提議，在此時已經實現。看來像「紅寶書」這樣的東西，在歷史上也並非沒有先例。

五年，要求宣講《聖諭廣訓》要與實踐相結合，諭曰：「但朔望宣講，止屬具文，口耳傳述，未能領會，不知國家教人，字字要人躬行實踐，樸實做去。」

十年，要求地方官將勸誡工作與宣講聖諭相結合，「覆准直省督撫，應將謀故鬥殺、刨墳奸盜等類，及事關倫常風化，並就各地方風俗所易犯，法律所必懲者諄懇明切，刊刷告示，每年分發所屬府州縣，轉飭各鄉約正、值月，於每月朔望宣講聖諭之後，務必實心宣諭勸誡，使之家喻戶曉，戒懼常存。地方有司不得視為具文」。

十一年，「覆准各省督撫……轉飭各鄉約正、值月朔望宣講聖諭之後，即以方言諺語為愚民講說，至上諭十六條內，擇其輕重緩急，分別四時，輪流佈貼之處，惟在該地方官因地制宜，隨時辦理，總期於不涉虛文，亦不必拘以一格」。講解《聖諭廣訓》照理應如宣讀聖旨，拿腔捏調，但為了使愚民明白，不得不紆尊降格，准用方言諺語講說。回到現代，三十年前，有人批評「學以致用，活學活用，急用先學，立竿見影」的提法是庸俗化，不知只有這樣的庸俗化才能達到提出這個口號的人的目的。用方言土音講解《聖諭廣訓》，也是庸俗化，但皇帝並不在乎，在乎的是愚民是否聽得懂，因為只有聽得懂才有效果。至於「愚民」的稱呼，是統治者歷來對老百姓的真實態度，只是皇帝直言不諱，近現代的統治者聰明一些不這樣說罷了。

二十三年，「議准導民當祛其所惑，禁惡在先絕其源，應令各直省督撫轉飭所屬州縣，嗣後宣講聖諭，必須實力奉行，除每月朔望二次宣講外，或於聽訟之餘，以及公出之便，隨事隨時。加以提命，不妨以土音諺語，敬謹講解，明白宣示，並將現禁一切邪教等律例，詳細刊板刷印，遍貼曉諭，俾知奉公守法，各安耕鑿」。

五十年，「奏准，陝甘二省回民較多，仰蒙聖澤涵濡，以養以教，馴其桀驁之氣，即可化其頑梗之風。嗣後每遇朔望，應令各屬州縣召集回民，同漢民一體宣講《聖諭廣訓》，俾咸知孝弟睦姻，以資化導」。這是以《聖諭廣訓》作為「馴」「化」的工具。

又「議覆工科給事中孟生蕙條奏『順天大、宛兩縣暨五城地方，應一體宣講《聖諭廣訓》』一摺。查各省州縣，於每月朔望宣講《聖諭廣訓》，原為僻壤小民、鄉愚無識之徒，不知禮儀法度，使其耳濡目染，知所感化。京師為首善之區，內城居住者多係旗人，自幼無不講讀聖訓，即土著居民，生於輦轂之區，一切政令禮法，咸所聞知，若於內城講讀聖訓，聚集多人，徒滋紛擾，自可毋庸辦理。至大、宛兩縣，向來原係每逢朔望講讀聖訓，近來恐有奉行不力者，而五城所屬地方遼闊，恐鄉愚小民，不克周知，應請交順天府五城，遵照舊例辦理」。很有意思，全國只有北京內城是不宣講《聖諭廣訓》的，怕的是聚眾太多，反而惹出亂子。其實內城未必無不法分子，只是無可奈何而已。又五城與大興、宛平兩縣，本來是京師組成部分，宣講《聖諭廣訓》理應為天下表率，但看來並不見得，所以才會有勞給事中條奏應一體宣講《聖諭廣訓》的事。

又據日本天明八年（乾隆五十三年，一七八八年）翻刻的《聖諭廣訓》書末所附的公文說：「各省將軍提鎮必須命令管下，一如府州縣文官之例，於每月朔日十五日集合部隊，拜讀聖諭廣訓四條。」這説明在乾隆以前曾有過定量的規定，即每次必須讀四條。

嘉慶四年，「奉上諭……地方大小官員有教育斯民之責，豈可視為迂闊，置之不講，嗣後不但朔望宣讀聖諭廣訓，當明切講論，即公堂聽獄，真赴鄉勸農時，皆可隨時誨導，啟發顓蒙，庶默化潛消，可漸收易俗稱風之效。毋得視為具文，虛應故事」。

五年，「奉上諭給事中甘立猷奏『請於京師地方照例宣講聖諭廣訓』一摺。朕於上年曾經降旨，令各省有司，每逢朔望，謹將聖諭廣訓，愷切宣示，俾小民知所領悟。各地方官員，自應實力奉行。況京師為首善之區，尤宜先為開導，以期化行自近。嗣後著五城順天府大興宛平二縣各官，選舉鄉約耆老，於朔望之日，齊集公所，宣讀《聖諭廣訓》，按期講論，毋得視為具文，日久廢弛，以副朕化民成俗至意」。連着兩年的上諭，都有「毋得視為具文」的話，看來此時宣講《聖諭廣訓》的確已成具文，虛應故事，皇帝已無良策對付。尤其京師地方，天子腳下，更比地方上還要糟糕。自乾隆五十年督促朔望講讀以來，不過十數年功夫，竟又廢弛至此，以致於不得不專門再發一道上諭。

十三年，「御史史積中奏稱，《聖諭廣訓》十六條，舊令地方大小官員朔望宣讀，但遵行已久，非明示勸懲，恐致廢弛，應令督撫大吏，詳加考核，有實力宣講者，量加獎勵。如視為具文，不認真宣講者，即為參劾。八旗則責令各都統查明舊定章程，遵照舉行」。

十四年，「奉上諭：御史周鉞奏『請復講約舊例，實力奉行，以敦風化』一摺……牧令為親民之官，向例計其屈期，各州縣有能宣講聖諭實力奉行者，該督撫即列入卓薦之內。原以該員等有教民之責，承流宣化，正藉此以鼓勵進階。乃近年以來，各地方官歷久懈生，率視為奉行故事，竟至日形廢弛，所謂化導斯民者何在。嗣後順天五城所屬地方，並各直省督撫所屬州縣，務當飭令一體，恪遵舊例，於每月朔望日傳集城鄉居民，敬將聖諭各條，曉諭宣讀，行之以實，再（按：原文如此，疑毋之誤）得視為具文，庶民風丕變，治道益臻上理」。連着兩年御史的提議，都是舊議，說明「視為具文」已是痼疾，難以療治。

十八年，「著通諭各直省督撫，轉飭該州縣等，於所屬民人實力化導，宣講《聖諭廣訓》，務俾家喻戶曉，久之人心感發，知仁而有所不忍為，知義而有所不敢為，則正教昌邪說自息矣」。

十九年，「議准各省督撫及府州縣官，朔望皆宣講《聖諭廣訓》，但並未講解發明，且圜而觀聽者僅執事員役及附近居民，僻壤窮鄉豈能家喻戶曉？嗣後各督撫轉飭所屬州縣，按村頒發一冊，遴選生耆隨時剴切宣講，俾編戶小民共知向善。果能宣講得法，轉暴為良，在諸生則仍當統計平日文行，實堪優舉者，該學政照例核實辦理，不必專以宣講一事，別立科條。在耆儒則地方官量加獎勵。其有奉行不善者，立予究辦，以示獎懲」。這裡講到要每村都發一冊《聖諭廣訓》，但下一年卻又改主意了。

二十年諭：「仰惟聖祖仁皇帝欽頒聖諭、世宗憲皇帝繹為廣訓，本天理人情之極則，為牖民淑世之敷言，實為大經大法。從前佈之學宮，並責成地方官朔望宣讀，著於令甲，立法已為周備。今若令府州縣衛遍行刊印，於編查保甲之時，逐保散給，未免近於褻越。且《聖諭廣訓》之旨，皆係四書五經之精義，今海內十室之聚，必有四子之書，然而斯民淑慝不一其類，非盡目不睹聖賢之書，知而不由，雖家置一冊無益也。」皇帝此時已悟到光是宣講用處不大，認為到處散發《聖諭廣訓》小冊子帶有庸俗化的味道了，這是從來沒有的說法。於是要求「其道府州縣與民切近，著各就所屬地方，察其民風俗尚，有染於污俗，惑於邪說，及不知崇尚禮義者，各救其弊，切指而誥誡之，即恭闡《聖諭廣訓》之旨，衍為直解，刊刻告示，曉諭眾庶，俾知彰善癉惡之意，其事較為簡而易行」。看來連皇帝也洩氣了，只要求貼貼告示算了。頗疑《聖諭廣訓直解》是否嘉慶皇帝發佈此諭之後的產物？

道光十五年諭：「學校為培養人才之地，士品克端，斯民風日茂，亦惟訓迪有術，斯士習益淳。定例每於朔望敬謹宣講《聖諭廣訓》，並分派教官，親赴四鄉宣講，俾城鄉士民共知遵守。乃近來奉行日久，視若具文。教官懈於訓誨，士民習於浮奢。允宜亟加整頓，振起人才。著直省各督撫嚴飭地方官，遵照成例，敬謹宣講《聖諭廣訓》，務須實力奉行，不得日久生懈，以期士習民風蒸蒸日上，用副朕作養人才至意。」

十九年諭：「向例各直省地方官，於朔望宣講《聖諭廣訓》，俾鄉曲愚民皆知向善，良法美意，允宜永遠遵行，惟州縣地方遼闊，宣講仍慮未周。嗣後各省學政到任，即恭書《聖諭廣訓》，刊刻刷印，頒行各學，遍給生童，令人人得以誦習。並著翰林院敬謹推闡聖諭內『黜異端以崇正學』一條，撰擬有韻之文，進呈候朕欽定，頒發各省，飭令各該學政，一併恭書，遍頒鄉塾，俾民間童年誦習，潛移默化，以敦風俗而正人心。」從乾隆末年至此時，清王朝一直在走下坡路，社會極不穩定，知識分子中醞釀着「自改革」的思潮，已成具文的《聖諭廣訓》宣講活動越來越無生氣。道光皇帝並無新轍，只能抓緊學校教育這一線了。

儘管是具文，但還是得做做樣子，這其實是主子與奴才都明白的道理，所以講約的規定與清代相終始。即使經過鴉片戰爭與太平天國這樣的大事件，宣講聖諭的活動也一直在繼續。同治元年，「十二月十五日內閣奉上諭……並飭教官分日於各該處鄉市鎮設立會所，宣講《聖諭廣訓》，務使愚頑咸化、經正民興，正學昌明、人材蔚起，實有厚望焉」。二年，又諭宣講：「十二月二十日內閣奉上諭國子監司業馬春全奏請慎簡學官以崇教化一摺……至宣講聖諭尤為化導之本……等語所奏不為無見。今大江南北漸就肅清……並著各省學臣督飭教官實力宣講聖諭。」而且在實際上，《聖諭廣訓》已成為當時教育百姓的唯一思想資源，所以在社會大變動時期，就要以之作為一種精神武器來運用。咸豐年間，湘軍將領王鑫在與太平軍對抗期間，就要求「每三五日一次在本都本郡傳齊團眾，勉以忠直，激其義憤，每次宣講《聖諭廣訓》一二條，使吾民咸知孝弟忠信禮義廉恥之不可缺一。正道昌明，邪教自無從而入，此為團練最要最急之務」（《王壯武公遺集．團練說》）。這一要求已經比朔望宣講更進一步，接近於「天天讀」的境界了。太平天國失敗後，各地力圖恢復生氣，也有官員以《聖諭廣訓》來作鼓舞人心的工具，湖南人許瑤光於同治任嘉興知府，「朔望躬率僚屬宣講《聖諭廣訓》，又令教官講生周歷鄉鎮，發明其義，以定民志」。

由於宣講活動不絕如縷，所以直到光緒二十六年（一九〇〇年），山東德州還重刊《講約教條》這樣的書行世。甚至在清末準備實行新學制時，羅振玉在其《學制私議》裡的三點提案中，第一點就是以《聖諭廣訓》作為修身的綱領，全國學校一律遵行。但有諷刺意味的是，同光以後的講約已逐漸變質為一種近似大眾娛樂的活動，講約人為了吸引聽眾，在講約過程中穿插許多故事，而為了使講約人有所依據，還有大量的講約書出現。

宣講康熙上諭與雍正《聖諭廣訓》主要是地方官的責任，所以在許多官箴書裡都講到如何建立城鄉宣講制度，如何選擇講約人，規定宣講儀注，介紹宣講經驗等等。其中上述《福惠全書》以及陳朝君《蒞蒙平政錄》、田文鏡《州縣事宜》、徐棟《保甲書》與《牧令書》、何耿繩《學治一得編》、戴肇辰《從公三錄》等都有專篇論述。這些材料還提供一些正式公文裡不大會提及的事情，比如宣講聖諭是花錢的事，建立宣講所要錢，聘人宣講也要送束脩，那麼這些錢的數額有多大，又是從哪裡出？戴肇辰的《從公三錄》透露了一點信息。戴在同治間任廣州府知府，上任伊始命令所屬各縣建立宣講所，很快建立了一百八十一所，其所需經費「有官為捐廉倡設者，有提支地方公項舉辦者，有紳士捐資倡率者，有公局紳士輪流開講者，有鄉耆自行開講不受脯金者」。戴自己也捐廉在府署頭門延聘儒生設案開講，所請為番禺生員李超，每月脩脯十金。另外，在余治彙刻各種善舉章程為一編的《得一錄》裡也有有關記載。

三、講解《聖諭》與《聖諭廣訓》的規定與儀式

《聖諭》與《聖諭廣訓》既是皇帝的教誨，因此在講解時有一定的規定和儀式。這些儀式在某些地方志裡有所記載。

如雍正《河南通志》卷十載：「凡州縣城內及各大鄉村各立講約之所，設約正一人，於舉貢生員內揀選老成有學行者為之，值月三四人，選樸實謹守者為之。置二籍，德業可勸者為一籍，過失可規者為一籍，值月掌之，月終則告於約正而授於其次，每月朔日舉行，先期值月預約同鄉之人夙興集於講約之所，俟約正及耆老、里長皆至，相對三揖，眾以齒分左右立，設案於庭中，值月向案北面立，亢聲宣讀聖諭廣訓，各人肅聽，約正復推說其義，必剴切叮嚀，務使警悟通曉，未達者仍許其質問，講畢，於此鄉內有善者眾推之，有過者值月糾之，約正詢其實狀眾無異詞，乃命值月分別書之，值月遂讀記善籍一遍，其記過籍呈約正及耆老、里長默視一遍，皆付值月收之，事畢，眾揖而退，歲終則考校其善過，彙冊報於州縣官，設為勸懲之法，有能改過者一體獎勵之。」

從這個記載可以看出，雍正時期設立的值月一職，具體做些什麼事。不但要宣讀講解，還要記下各人的德業與過失。所謂講約就是講鄉約，講每人應該具體遵守的規範。講約是實

際上的目的，但在形式上卻是宣講聖諭的附屬品。宣講聖諭是每月兩次，並有一定的儀式。照上引《河南通志》同卷所載的「宣講聖諭暨御頒書」一節，儀式是這樣進行的：「每月朔望，預擇寬潔公所設香案，屆期文武官俱至，衣蟒衣，禮生唱：『序班。』行三跪九叩頭禮，興，退班，齊至講所，軍民人等環列肅聽，禮生唱：『恭請開講。』司講生詣香案前跪，恭捧上諭登台，木鐸老人跪，宣讀畢，禮生唱：『請宣講上諭第一條。』司講生按次講『敦孝弟以重人倫』一條畢，退。」這樣的儀式在清末相當流行的《點石齋畫報》上可以形象地看到。

以上制度應該早在康熙年間就已在某些地方建立起來，而後推廣開來，並一直沿續下去。所以上引雍正《河南通志》的文字在光緒《湖南通志》裡也有。下文將要提到的，成書於康熙十八年的《上諭合律鄉約全書》中，就附有兩幅「縣講鄉約圖式」，該圖畫出香案上供聖諭牌，下列縣正堂、鄉官、舉人，再下為歌童、約正，再下為僧眾道人，最下為一般聽講人員的序列。但無文字說明。康熙四十六年至四十八年間，擔任福建巡撫的張伯行對講約過程則有明確規定：「台上用兩張桌子，一張安奉聖諭牌，一張留中間講約。東邊講師一人、歌童一人，西邊講師一人、歌童一人，各放衍義（乃張所撰《十六條衍義歌詩》）一本，便於逐條輪講，免力倦而聲不揚也。講師歌童與木鐸老人俱准坐……講鄉約每條開講即搖木鐸，講的用官話着力唸一句……每講完一條，講的用官話大呼童子歌詩……所講所歌只用土

音，以便眾人通曉也。」（《正誼堂文集》卷三十八〈告示三〉）

但對於宣讀講解聖諭規定最詳最早的恐怕是小小的廣東連山縣知縣李來章。李是一個勤於職守的人，他對宣講聖諭所規定的一整套制度，遠比《湖南通志》的記載要詳細規範得多。李來章在就任以後就著有《聖諭衍義》，對聖諭進行俚俗淺顯的解釋（詳後），除此而外，李來章還神聖化了宣講聖諭的儀式，堅持將宣講聖諭當成實事來做，而不是可有可無的形式。為此之故，李來章特意訂了《聖諭宣講鄉保條約》，明令百姓遵守。他在這一《條約》前面的〈小引〉裡說：「……自昨秋履任，在鞅掌之餘，已成《聖諭衍義》一書，雕板頒佈，每逢朔望次日，城市村墟，偏為宣講，又恐考查無方，勸懲不明，蠻鄉荒徼，不能驟為開悟，是有宣講之名，而無宣講之實，塗飾具文，苟且塞責，不幾仰辜聖大子惠愛元元之聖意乎！爰又本於昔賢，分置記善、記惡、悔過、和處四簿，逐條遵照聖諭，細為區別，挨戶按名，人給一本，未講之時，令其自審，臨講之期，令其公填，此法既立，庶乎深山窮谷，足跡不履，城市之民皆觸目警心，儼如父兄師保鑒臨，課督其側，其子相率為善，或可從之無難也。」

老百姓的一切行動都由上述四簿控制着，十六條的每一條都要分四方面記載，以第十二條為例，應記如下：

〈記善〉某人仰遵《聖諭》詮自誣告一條，平日果能以禮律身，使人敬愛，記為上善；吃虧忍恥，不至相訟，記為中善；據情理訴，辨明即止，記為下善。

〈記惡〉某人於《聖諭》息誣告一條不能仰遵，平日捏條造款，謀害性命，記為首惡；遇事風生，逞其刁詐，記為次惡；嘉人有事，不行勸解，記為小惡。

〈悔過〉某人向曾誣害平民，今經宣講《聖諭》息誣告一條，自行悔過，公正和平，安靜無違。

〈和處〉某人先曾慣興詞訟，誣告行奸，今既恭聆《聖諭》息誣告一條，聽憑同事和處，自行引咎，永不挾仇。

這個條約並非公佈了就完了，而是有組織工作作為保證。每一定數量的居民組成一個單位，由約正、約副、司書、甲長等人約束管理條約的實行。這些地方小吏還要在聖諭牌位（按：十六條教導而做成牌位，真是神聖化到極點）前高聲發誓：「某等身為官役，職司訓督，今誓於神，務秉公正，如有善行，登記不周，或湮沒不彰，或諭揚過實者，天地神明，陰施誅殛。人有惡行，查訪不實，或飾詞遮掩，或駕詞陷害者，天地神明，喪其身家。調和處事，不度情理或偏憎偏愛或市恩市利者，天地神明降施災禍。人肯悔過，不亟表揚，或微詞諷刺，或隱言敗毀者，天地神明減其福算。」

李來章為嚴格執行此鄉約，還專門發了佈告：「……然徒事講解，不於民俗日用當行間立一稽查之法，則遵行者未見鼓舞，違背者未知創懲，將本縣宣講聖諭一事，不幾視為具文而忽諸。除示定每月初二、十六日本縣親詣各村墟，傳集士民，恭行宣講外，合再通飭，為此示仰該地頭保人等知悉，爾等各立記善、記惡、和處、悔過四簿，將一切所管灶丁，逐戶填入各簿……」但是由於此法過於煩瑣，以上規定是否都能準確執行，值得懷疑，而且如果所有「民猺」真是照此辦理，一言一行都受到嚴密控制，恐怕連山縣真要成了君子國了。但不管如何，李來章打算以《聖諭》來治理這個偏僻小縣的做法卻是極其認真的。而且真是把《聖諭》給神化了，這從他規定的宣讀儀式就可看出。在〈聖諭宣講儀注〉一文中，李來章按照宣講地點的不同，將宣講聖諭儀式作了如下具體規定：

（一）在城宣講，以縣堂為講所，每逢朔望前一日，先行灑掃潔淨，文武官步至萬壽亭迎請龍亭於縣堂。亭內安奉聖諭，覆以黃綾龍袱，前用長桌，供香爐花瓶燭台。次日辰刻，聽講紳衿，齊集儀門，百姓人等俱立大門外，候印官率儒學營官僚屬於龍亭前焚點香燭畢，同紳衿立甬道下，分東西兩班，行三跪九叩頭禮。講正講副隨班行禮。百姓跪大門外，俟官紳禮畢乃起立。禮生贊禮，樂生奏樂畢，文武紳衿入堂，左右站班，百姓進至俯門下分立聽講。講正講副於堂置一高桌，恭請《聖諭衍義》於案上，講副唱：鳴講鼓，三聲畢。再唱：

恭聽宣講聖諭。講正對案拱立，高聲宣講聖諭一條。講畢，擊雲板一聲，退。講副進前，講第二條，完，亦擊雲板一聲，退。講正又進前講第三條。凡十六條，俱講正講副迭為宣講，及完，高聲唱：宣講聖諭已畢。又唱：叩謝聖恩。聽講百姓俱出大門外跪，文武紳衿於甬道下復東西分班行三跪九叩頭禮。贊禮奏樂畢，講正將《聖諭衍義》仍以黃龍袱裡，奉安龍亭內。講生高聲唱：恭請龍亭。龍亭抬夫皆黃團花衣，紅氈黃翎帽。文武紳衿皆步送龍亭於萬壽亭安奉。扃戶封門，以禁喧雜。封畢回縣，文武紳衿一揖而散。

（二）在鄉宣講，以通衢安全之地，擇其房屋高敞者為講所，選耆民中德行素著之人充講正，通曉文理循良服眾者為講副，於朔望前一日傳知附近各村里民，並灑掃講所，中置高台，列香案聖座花瓶燭台桌圍椅墊，捧《聖諭衍義》於案，罩以黃袱，左側再設長桌一張，為司講之處，次日辰刻，講正講副同聽講之民，在大門外分東西班魚貫而入。講正講副至聖案前，行三跪九叩頭禮。（以下略）

此外還有在館宣講（即在縣學宣講）與在排宣講兩種，與上述在城在鄉大略相同，但儀式稍簡。為了體現在瑤鄉（即排）宣講的神聖性，還特意在五大排建立了聖諭亭。以上的宣講方式，現今看來似乎愚不可及，但中年以上的人看了，是否覺得有些面熟？

如此這般，遂使講約成為一種制度，宣講成為一種儀式。在康熙年間，李來章制定的宣講儀式在當時可能還是一種地方官的自覺行為，到了後來就成了強制性的制度。如前引《湖南通志》所記儀式，已是所有地方的通例。另外，在宣講聖諭時，有時還要根據具體情況兼講別的內容，如在學院裡宣講，往往要兼講康熙訓飭士子文，這是專門用來訓飭教育知識分子的最高指示，在有些地方甚至還兼講雍正的《大義覺迷錄》（《河南通志》卷四十）。

四、詮釋《聖諭》的專著

講解《聖諭》與《聖諭廣訓》既不是隨隨便便的事，所以講解時就必須有一定的範本。在康熙年間就已有專門講解《聖諭》的著述出現。《聖諭廣訓》頒行以後，又增加了講解《聖諭廣訓》的通俗著作。對這些著述中流傳最廣者將分別進行介紹，本節先說專門講解《聖諭》的白話著述，這類書還在雍正《廣訓》出現以前便已行世，比較常見的有兩種，一是《聖諭像解》，一是《聖諭圖像衍義》。其實這兩種並非最早的講解著作，另有幾種因存世稀少，故不為人知。有兩種我只在巴黎看到，不敢說國內必無存本，但恐怕即有也是僅見之物。更應加以介紹，以下結合年代順序與各本之間關係陳述《聖諭》各種詮釋本：

第一種是《上諭十六條直解》，由浙江巡撫范承謨刊於康熙十一年。這恐怕是今天能見到的對十六條最早的解釋本了（推測在其前尚有一個陳氏的《上諭合律直解》，論證見後文）。這個直解本大概是一個範本，後面又有其他本子由其脫胎而來。在頒佈十六條的康熙九年，禮部就有咨文要求地方大員對十六條進行講解。因而此本與下面一種本子的開頭都一樣，先轉述禮部咨文，再總講一個引子，再總講十六條大意。這個引子說明為什麼要頒行與講解十六條的道理，用今天難得見的當時的白話寫成，值得引述：

今日聚集官紳士子父老耆民人等，遵皇上所頒尚德緩刑、化民成俗的十六條上諭講與你們聽，總是要勸你們百姓孝弟和睦，老成忠厚，家給人足，盜息民安，人人做個好人，家家化為君子的意思。本院自到任以來，看見你們百姓良善的固多，奸惡的也不少。好訟喜爭，捱刑受苦，只為未經化導，沒人訓誨，把個良心陷溺，風俗敝壞。就是各處也有興舉鄉約，大抵所講向來六諭，與近日事務未能切實詳明。如今上諭諄諄，務要訓迪勸導，責成內外文武百官督率舉行。本院就把這十六條上諭，講做鄉約，今日先將聖意說起，你們仔細聽着。皇上自親政以來，無一日無一刻不念念要天下太平，百姓快樂。只因你們百姓離皇上遠了，都未曉得，就是這十六條，那一條不是你當身切己的事，你若依了上諭行去，那一個不是孝子悌弟安居樂業守法奉公的良民了。這十六條一時也不能講完，先將各條大義略説一徧與你們仔細聽着。你們人人家裡有個父母，有個兄長，一犯忤逆毆罵，便要斬絞。皇上看得這人倫最重，所以第一條就要你們敦孝弟以重人倫。那父母兄弟之外便有宗族……（以下每條皆用一兩句話説個大概）本院今日仰遵上諭，督率通行。凡係浙省司道府廳州縣大小各官也須盡力，大家化導。化得一縣便是一縣的好官，化得一府便是一府的好官。百姓們都要委曲遵依，不可仍前看做故套。今日齊來靜聽，待本院將十六條逐一細細講將出來。

這段引子是套話，以後類似的講解本也都照用。由這段話可以知道一些信息。一是當時鄉村普遍實行講約制度，所講內容原本是順治年間頒行的六諭，因為過於簡單，已經不適應時代需要；二是省府縣各級地方官負有講解鄉約的責任。由於講鄉約的核心就是講《聖諭十六條》，所以康熙年間甚至有直接將《聖諭》稱為「鄉約十六條」的（《敬恕堂文集》卷六）。

引子以下就是對十六條的逐條分疏，都是用大白話，而且語言生動、修辭高明，不管其內容如何，這種白話素材都是難得的。何況有些內容還是當時社會的真實寫照，有相當的參考價值。十六條的講解文字有兩萬來字，不能俱引，只引第十二條的前半部分：

如今講第十二條了，你們聽者。

為何上諭裡邊說這一事。只為你們百姓逞刁的多，人人好訟，將些小事情捏謊裝頭，陷害拖連，不知幾許，所以勸化你們不可誣告善良。就是大清律上設此一條誣告的，加所誣之罪三等。你們百姓可曉得誣告的為何這樣處治他？只為受誣的人平昔守本分、保身家，有田地便去耕種，有錢糧便去完納，卻是個良善不肯為非作歹的人。因他不肯為非作歹、圖賴詐人，那些奸惡的人反欺他是柔懦，蔑他是鄉愚，貪他的錢財，妬他的家計，設計取他，便勾結訟師地棍，造下一題，告他一狀，首他一事。把一良善的人害得七損八傷，所以地方上有人誣告的人，是非有時顛倒，真假有時矇溷，往往巧中官府的喜怒，拏定官府的性格，或串通些衙門積蠹，或察聽些官府聲息，巧造狀詞，百發百中。小事裝大，舊事裝新，一經准下，便挾訴說合，視為奇貨，□幫設處，議息議和，只為地方官不能禁止，刁風愈興，良善之人往往不能存活，屢經出示，嚴行禁飭，如今遵奉上諭諄諄，細把誣告的事，通盤與你們打算，徹底與你們分剖，你們百姓要把良心放出來，莫被訟師地棍騙哄壞了心腸，攛掇壞了舉動，駕虛裝謊，巧弄刀筆，把一件極小的事情陷成大罪，把一家無端小忿貽禍千人，或者像了當時的貪汙官府，百姓放刁，大家便好渾水捉魚，圖個潑賴，如今地方有司也比不得當時了。你們百姓可曾看見誣告的人一經審出，饒了那一個？我今與你們細講，你們縱要刁潑，朝廷的刑罰也不是與你借私報怨的，官府的公庭也不許你瞞天昧己的。向來只為習慣了，心麤膽大，機滑手熟，同謀的多，合夥的眾，分來錢財，任意花費，對頭下馬，愈加逼勒，竟把誣告算一種生計了。還有最刁最潑的，講得幾句說話，捱得幾下板子，熬得幾番夾棍，誣的硬誣，證的硬證，就是鐵面的人也被他執到了。如今皇上專重的誣告。儻然你們仍不自猛省，不急改過，仍復揑借虛端，裝成局囤，聽使無賴之徒串通胥吏、勾同保歇，誣告之時，定然反坐，不要說未經審定的，一經審出真情，將你誣告的重治，就是陷過他已流已決的。律上更分明。倒轉來比未結的更重。你們百姓自思自想，徒欲害人反將害己，徒欲殺人，反將自殺，究竟良善的人，天理昭彰，何能陷害，空把自己的良心喪了，自己的品行壞了，自己的生命折了，自己的家業破了。就是官府一時被你瞞過，別人性命被你害過，朝廷的刑罰被你躲過，威勢氣焰被你逞過，件件掙了便宜，節節佔了贏陣，那天地鬼神都恨你的心腸刁□，親戚朋友都惱你做事不端，果報也只在後邊，子孫定然不昌，田園定然不盛……

文字是一氣呵成，想要分段都分不成。白話是精彩已極，如同評話說書，甚至可以品出方言的味道（如「局囿」一語）。日本研究中國語言的前輩專家魚返善雄極力誇獎《聖諭廣訓衍》，認為其白話平明流麗，遠遠勝過民國初年蹩腳的白話文。但是如上述一段白話又何嘗遜色於《廣訓衍》（見後文）？

吏部尚書黃機的〈上諭直解後序〉一篇，由其中可見朔望講解十六條的制度已經出現：「我皇上頒十六諭訓誡天下臣民，望治之心甚切。兩浙范執臣奉揚天子之休命，作直解十六條，於每月朔望集里老與四民教誡之，以引申我皇上愛民育物之至意。其言委婉詳至，曲盡情偽，聽者無不感悅，蓋念斯民迷於習俗而不自知，故耳提面命，深中人心沈痼之病，而動以本然之善，德至深，意至厚也……」

巴黎法國國家圖書館另有一種直解本，封面已不存，版心上有「上諭直解」四字。內容與上述《上諭十六條直解》完全一樣，當是此本的別刻。有意思的是，在上述本子中，凡是本院的「院」字，在此本都作墨釘。顯然是一個試印本。

第二種是《上諭合律直解》。此書不見傳世，從〈上諭合律註解序〉得知。該〈序〉是康熙十八年浙江巡撫陳秉直所寫，言其「承臬江南時手編《上諭合律直解》一書已家喻戶曉」。查陳秉直任江蘇按察使在康熙九年至十二年間，九年底有關康熙《聖諭》的禮部咨文才發至地方，而十二年中陳已調任浙江布政使，故該《直解》當作於康熙十年十一年時。從其後身《上諭合律註解》推測此本亦應有「講諭」與「讀律」兩部分。而且此本應刻於范本之前，范本只取其「講諭」部分，而棄其「讀律」內容，詳見後文分析。

第三種是《上諭合律註解》。此書並未單刻，而是與顧庸齋的《六諭集解》合刻於《上諭合律鄉約全書》中。《全書》原刻本我曾在日本東京大學東洋文化研究所見到，國內則上海圖書館藏抄本一種（中缺一頁半）。由陳秉直寫於康熙十八年的〈上諭合律註解序〉知，《註解》一書是在《上諭合律直解》的基礎上「刪補」而成，「大率以明白曉暢，不事深文為主」。大約兩書基本內容相去不遠，但《註解》本比《直解》本要簡單，說見後文。

《上諭合律註解》開頭部分與范氏《直解》完全相同，其主體部分，即分疏十六條，每條都分成兩部分，一是〈講諭〉，二是〈讀律〉。講諭部分與前述范氏的《上諭十六條直解》除省去一些內容外，文字完全雷同。仍以第十二條為例，其開頭幾句是：「為何上諭裡邊說這一事。只為你們百姓逞刁的多，人人好訟，將些小事情捏謊裝頭，陷害拖連，不知幾許。所以勸你們不可誣告善良。那善良的人平昔守本分，保身家，有田地便去耕種，有錢糧便去完納，卻是個不肯為非作歹的人。因他不肯為非作歹，那些奸惡的人反欺他是柔懦，蔑他是鄉愚，貪他的錢財，妒他的家計，便勾結訟師地棍，造下一題，告他一狀，首他一事，把良善的人害得七損八傷，所以良善之人往往受累。你們百姓要把良心放出來，莫被訟師地棍騙哄壞了心腸……」與前引范氏《直解》相比較，便可看出兩本同出一源。

讀律部分是為使老百姓明白，如果不遵照十六條行事，可能觸犯什麼刑律。讀律部分文字比講諭要少些，第十二條的讀律部分頭幾句是：「你們百姓每因細故小忿，不忍一時之氣，聽信訟師將無情之詞妄駕極大題目，只圖准狀，不思審理，到後來水落石出，罪名難逃，身家俱喪，實為可憫。獨不思律載，凡誣告人笞罪者，加所誣罪二等，流徒杖罪，加所誣罪三等……」讀律與講諭顯然是一個唱紅臉，一個唱白臉。兩手並舉，以便讓百姓老實就範。

由於陳氏《上律合律直解》刊行在前（康熙十、十一年間），范氏《直解》刊行在後（由黃機序所署年月，知其不早於康熙十二年），而且范氏本內容與陳氏《上諭合律直解》後身的講諭部分同出一源，故頗疑范氏只取陳氏《直解》的講諭部分，另行刊版。而陳氏自己後來又另寫《上諭合律註解》，將原著《直解》的講諭部分加以刪節，成為上面引述的模樣。同時范氏《直解》本並無序言提及自己的撰寫過程，只有黃機的後序，提到范作直解十六條，有點可疑。而且不久以後的江寧巡撫湯斌在刊刻《分講十六條》時，也只提陳氏《直解》，而不及范氏《直解》（參見後文）。更往後，在清末曾有《宣講集要》一書出版，這是一種勸誡類著作的集成之作，由宣講儀禮到勸善懲惡，各種故事甚至歌謠的合集。由該書卷首有關《聖諭》與《聖諭廣訓》的編年記事知道，康熙十八年，浙江巡撫曾向朝廷獻上衍說聖諭十六條的《直解》，由朝廷頒行於各處。其時的浙江巡撫是陳秉直，這一《直解》顯然就是其作品。只是十八年獻上這個《直解》還不是陳氏最早的本子，他在康熙十、十一年間所作的《直解》被埋沒了，如果不是他自己提到，就沒人知道了。由此種種，似可認為范氏只是襲用陳氏的第一個《直解》本子，而並非首創。陳秉直應被視為詮釋《聖諭十六條》的第一人。

陳秉直寫完《上諭合律註解》以後，還向皇帝題本，取得許可，然後準備捐資刊行。這個題本放在《上諭合律鄉約全書》各序與正文之間。從這個題本還可以看出講解十六條的月月讀制度的產生過程。題本是康熙十八年正月二十二日呈上的，其中說：「臣思從古尚德緩刑、化民成俗之道，總不越乎上諭十六條之至理，但恐僻壤窮鄉愚夫愚婦未能仰測高深，臣於政事餘刻，不揣固陋，恭繹上諭，逐條衍說，輯為《直解》一書，欲使草野顓蒙一目了然，共聞共見，復以現行律例引證各條之後，使民曉然知善之當為，而法之難犯，若以此分佈州縣有司，每逢月朔，集在城紳衿耆庶，親為講究，其遠在四鄉者，每里分給一書，令其地之品行端方之士，各就公所，每逢月朔集講一次，由一邑以推之各邑，由一府以推之各府，父誡其子，兄勉其弟，此感彼應，日漸月深，庶風俗人心之敝可以培植於將來，而文武成康之化不難再見於今日矣。」

由此可見，當時陳秉直的建議還只是每月初一講解《聖諭》一次，但實際上在他之前的浙江巡撫已經實行過一月兩次，即朔、望各一次講解的規定了。這前後不同表示月講兩次的制度正在開始，尚未最後形成。

陳秉直的報告並所附《直解》一書，很快得到皇帝認可，當年三月十一日並經過禮部正式批准。公文來往前後不到兩個月，不可謂不快，可見當時康熙皇帝重視十六條的程度。這裡還需補充説明的是，當時對「直解」與「註解」未詳細辨別。陳秉直稱自己在江蘇按察使任內所寫的為《上諭合律直解》，但他人的序中提及此書，卻説是《上諭合律註解》。陳在浙江巡撫任上所改定的書，在其題本中也自稱《直解》，但在《上諭合律鄉約全書》中卻題作《上諭合律註解序》。其中「註」字正好破損，是根據破損後殘餘字形推測出來的，不一定必是，但決非「直」字卻是可以肯定的。可見當時人對陳氏書稱呼帶有一定隨意性。如果我們將陳氏前後兩書稱為《直解》甲本與《直解》乙本，也無不可。

第四種是《分講十六條》。此書之名是假定的，因為該書封面已經不存，在主體部分的版心上有「分講十六條」五字，顯然不是書名，而只是該部分的名稱，姑藉以名全書。陳秉直《上諭合律直解》行世以後，照搬照刻者甚多。此書即為其中一種，本來不能算為單獨的一個品種，但為清眉目，列為一種。此書是江寧巡撫湯斌在康熙二十四年所刊，書的第一部分是佈告，略云：「……浙江巡撫陳……演為《直解》一書，明白條暢，農夫稚子，皆可通曉，曾進呈御覽，奉旨頒行，今悉照原式，稍為斟酌刊刻頒發，撫屬府州縣衛所官吏，定期每月朔望會集士民於公所，其鄉鎮等處各擇空闊祠宇，選年高有能為鄉人所重者敬謹講解……」第二部分為「總講大意」，與范書引子相同。第三部分，即主體部分就是「分講十六條」，其內容與陳書沒有什麼差別。

第五種是《聖諭像解》。梁延年編輯《聖諭像解》二十卷，有康熙二十年（一六八一年）承宣堂刊本，開化紙印，兩函十二冊。這部以插圖為主的書，人物神情生動，背景畫面極具匠心，是清初版刻的代表作。此書後來經過多次翻刻，如光緒末江蘇、安徽巡撫刊刻的本子現在還很常見。

據該書作者安徽繁昌縣知縣梁延年序中所云，在他接到上面下達的聖諭十六條後，用自己的話對每一條加以詮釋，刊刻成書，並在每月朔望宣講於該縣學宮。康熙十五年以後又在每條詮釋之後，選擇文獻與傳說中的有關故事，刻以圖像，編輯成書，利用圖像的形象性與通俗故事的吸引力來深入闡明聖諭的意思，尤其是要以圖像來啟發目不識丁的農民。按下圖像部分不說，光是詮釋聖諭的文字就是一個創舉，因為此舉發生在雍正以前半個世紀。而直到雍正二年，才以皇帝的名義正式詮釋《聖諭》，成為萬言《廣訓》。梁氏以一個小小七品官而與上述省級地方大員同具超前意識，在當時不能不說是一個大膽的行為。這也反襯出康熙年間文網尚疏，官員不懼文字獄的事實，若在雍乾之際，恐怕沒有人敢去承攬這種極易罹罪的活。以第十二條為例，詮釋的開頭部分為：「此一條是朝廷欲保全良善，懲治奸刁，俾獄訟衰息，刑措不用也。夫善良之民，言不敢妄大，事不敢妄為，數米而炊，析薪而爨，官稅則早完，公事則先辦，本無瑕可指，無疵可求也。乃有一種奸刁之徒，專以武斷鄉曲、興滅詞訟為事，張彌天之網，設陷人之阱……」這完全是出於己意的解釋，與後面將要說到的，對雍正《廣訓》進行逐句翻譯的《聖諭廣訓衍》和《聖諭廣訓直解》的不敢越雷池一步，情況大不相同。遺憾的是，梁延年不及上述幾位大員，用以詮釋的語言仍是文言，普通老百姓仍不易明白，也許因此之故，他才有在文字之外補充圖像的想法。

梁延年自敘其編書緣起曰：「獨念鑄辭典雅，小民未必周知，爰潛加註釋，急梓以行，俾合邑家傳戶誦焉……康熙十五年謬荷江南總督阿，暨前安撫部院靳特疏題薦，內開『一本官每逢朔望親詣學宮齊集紳衿耆庶，先令聽講上諭，使其交相勸誡，次講聖經賢傳，令其問難質疑，又將安撫部院頒發宣明上諭十六箴，逐一講解，刊刻成書，分發各里，轉相傳說，實心力行，娓娓不絕』等語……曩者箴註已佈，士民知書者能習之矣，若夫山童野豎、目不識丁與婦人女子或未之悉也。於是仿養正圖解及人鏡陽秋諸集，輯為像解一書，摹繪古人事跡於上諭之下，並將原文附載其後，嘉言懿行，各以類從，且粗為解說，使易通曉。」

梁氏對十六條的解釋並不如後來朝廷頒佈的《廣訓》那樣每條字數差不多，而是輕重有別。第一條最長，佔去五卷，敦孝一、敦弟二、重君臣之倫三、重夫婦之倫四、重朋友之倫五。以後則每條一卷，共二十卷。每卷故事有多有少，圖像亦然。以第十二條為例，一共有十二個故事，配以十二幅圖，即：智燭詐書、保全功臣、比驗原狀、立斬誣告、葺書誣反、密召十人、詢女得實、四十稱翁、斷無證錢、紐拆分兩、天理發現、代書以實。第一個故事抄自《漢書》，敘述漢昭帝明察誣告霍光謀反的密信的經過。先照抄《漢書》原文，再用文言複述敷衍。第二個故事是說東漢光武帝不信誣告，保全功臣馮異。第三個是唐朝李靖的故事，在說完該故事後，編者又引康熙六年則例，說明誣告是犯法行為，以為教訓。

從康熙二十年至光緒年間，《聖諭像解》的翻刻本究竟有多少，未作徹底調查。但自雍正年間以後，《聖諭廣訓》已經流傳開來，這是以皇帝的名義對《聖諭》作出的權威詮釋，恐怕是要排斥掉小小知縣的《像解》的，因此雍乾嘉道諸朝似乎未見其重刻本。但在咸豐年間及其後的同治、光緒間均有重刊本。光緒二十九年（一九〇三年），江蘇巡撫恩壽石印了《聖諭像解》三千部，分送各省，由各省「督撫飭發各府州縣中小學堂，俾肄業士子懔聖訓之昭垂，睹良模而則效」。恩壽此舉去該書初版已經二百二十二年，清朝形勢已經大變，庚子事變剛過，《辛丑條約》才訂，「兩宮西狩」方回，亡國之危尚存，而統治者猶冀以二百年前的聖諭來收人心安天下，不亦迂乎？然則不以此又以何物？在思想教育方面，腐敗的清廷已經拿不出新鮮東西來了。

第六種是《恭釋聖諭十六條》。這不是一部單行本，而是以《莘田文集》卷十七的形式出現的。蔣伊，字莘田，康熙十二年進士，康熙二十三至二十五年間曾任河南按察副使、提督學政。此《恭釋聖諭十六條》大約即在提督學政時所寫，應該是給學子們看的，所以用文言，全文只有六千餘字，比雍正的萬言《廣訓》還少得多，其中最長一條是釋「敦孝弟以重人倫」，不到七百字，最短一條是釋「誡窩逃以免株連」，僅二百一十八字（按：此條第二字為窩，而其他詮釋本或作匿、匿）。不過這個文本值得注意，因為這是目前所知的，《廣訓》以外對聖諭進行文言詮釋的唯一本子，如果不計上述摻入了故事與圖畫的《聖諭像解》的話。推測康熙年間或許還會有以文言詮釋聖諭的著述，只是檢索未詳，無法確知。但雍正以後，有《廣訓》在上，大概就不大會有用文言詮釋聖諭的著作出現了。

第七種是《上諭解義》。此書未標出正式書名，無序跋，僅版心上署「上諭解義」四字。此書刻於康熙二十六年，作者為范正輅，時任福建泉州府德化縣知縣。此書僅見藏於天一閣博物館，也許范正輅是天一閣主人范家成員，故存此一本於此。全書正文不過三十七頁，分兩卷，每卷解釋康熙上諭各八條。解釋所用語言為文言，但淺近易懂，而且耐讀。又因范氏為官於福建，故常以福建民風為例。如第十二條就說：「當今的百姓，刁惡非常，而捏詞健訟閩中尤甚。然健訟者百姓也，使之誣告健訟者，訟師開其端，有司成其後。夫訟師有三，大半是在官弄法之胥吏，小半是犯罪問革之積蠹。又有讀書之人，無志向上，耑在衙門鑽刺打點、遇事風生，把人家無端小忿變作彌天大罪。如白日忿爭也，而以為夤夜殺人；拳手戲搏也，而以為刀兵劫掠；愚婦投繯服滷，妄稱人命強盜之元兇；小子落水墜河，認作謀害威逼之大事；青樓菁薄悻，指為拐騙強姦；負販漁樵，詐作逆謀光棍。如福之泉郡，又有一等痼弊，假捏風水，假捏丢骨毀骸。今日你家告盜了骨，明日我家告掘了墳。甚至經年不解，家破人亡。此雖訟師之誣告，而當道之人，必先預知其民風土俗之刁，謊詞含沙之射，痛懲本告，罪在訟師，則誣詞不得亂吾之明，訟師不敢巧弄刀筆，則誣告自息而良善全矣。」此種解義雖讀書人容易看懂，但若照本宣科，對「愚夫愚婦」還是深了點，估計范大老爺在宣講時，還是要將其通俗化為更易理解的白話的。

第八種是《上諭十六條註解》。此書正文題為〈上諭十六條〉，下署江南太倉衛興武衛千總臣周雄基註解。據原序落款推測，該書原本當為康熙三十七年刊，今所見本為乾隆六十年在江蘇常熟重刊。一般解釋《聖諭》或《聖諭廣訓》者多是文臣，而此《註解》卻是武將所撰，比較特別。該書內封刊有「太倉唐華孫」參定字樣，唐氏進士出身，任禮部儀制清吏司主事，周雄基大約得其助才寫成《註解》。此書對《聖諭》每條七字先逐字作解，再引聖賢語錄，如有子曰、孔子曰等，而後才是對全條的正式註解。其中的第十二條解釋開頭一段為：「大凡人之告狀，都因這不公平不良善起的，若人人都是公平的心，都是善良的人，有何狀告，卻是那惡人欲圖害誣人，所以受寃受枉的，不得已而告狀，求官府出一句公言，所以叫做訟。訟者公言也。誰知道這些光棍反借之以圖利，不誣揑些話頭不足以聳動官府人聽，所謂無虛不入詞也。憑着這張利咀，只思量害人，歪的說做直，邪的說做正，只圖贏官司，竟忘了天理。害得人傾家破產，賣子鬻妻，他卻洋洋得意，逢人誇咀。然每見好打官司的人，沒一個自己不害得自己窮苦不已……」整條解釋的總字數約為一千八百字。值得注意的是該書正文版心為「鄉約註解」四字，說明其時都是以鄉約的形式來宣講《聖諭十六條》的。

第九種是《聖諭圖像衍義》。類似梁延年《聖諭像解》的是李來章的《聖諭圖像衍義》，但李書遠遠沒有梁著那樣風行，一般人恐怕還不大知道。

李來章於康熙四十二年任連山縣知縣，第二年著《聖諭衍義》（又稱《聖諭圖像衍義》），並規定了極為隆重的宣講聖諭的儀式，記入《聖諭宣講儀注》一文中。第三年又寫了《聖諭宣講鄉保條約》，詳細制定鄉里宣講聖諭的各項規章。第四年，更進而著《聖諭衍義三字歌俗解》，這是將《聖諭衍義》中的俗歌部分，加以更為通俗的講解，用的則是比文言更容易明白的半文不白的俗話。

在〈聖諭圖像衍義序〉中，李來章詳細説明了編著這本書的出來：「臣來章……蒞任之初，延見民猺（按：民指漢人，猺指瑤族。時統治者多將少數民族族名加犭旁，引文未改）父老，諭以朝廷恩德無遠弗屆，聽受之下，無不北面羅拜。又以檢束身心莫如聖諭，恪遵功令，偏歷七村五排親為宣講，顧於稽首禮畢退自思維。聖學高深訓詞爾雅，雖學士大夫尚不能仰測萬一，況田野小民知識短淺求其洞曉，見於身體力行，多恐在有未盡能者。又諸臣演解語句雖繁，條目未備，且人自為説，土音不齊，環聽之下不免尚費詮釋。臣因仿明臣沙隨呂少司寇坤《實政錄》、《宗約歌》二書體例，分為六款：一曰圖像、二曰演説、三曰事宜、四曰律例、五曰俗歌、六曰猺訓。或用文語間以鄉音，雅俗並陳，總期演佈聖意，昭如日月，屬草既定，析為上下兩卷。雖知知識短淺，固陋不文，然於宣講之頃，俾深山窮谷翁嫗童稚言下了然，有以仰見九重諄諄之仁愛民猺之心，是亦風塵小吏所以區區自盡其職分者。」

李來章的《衍義》比梁延年的《像解》複雜，廣東連山縣比起安徽繁昌縣來偏僻得多，而且聚居着許多瑤族同胞。他必須考慮窮山僻壤老百姓的文化水平，以及少數民族的理解程度，因此對解釋聖諭是下了很大功夫的，特地將詮釋工作分作六項進行。每條先配以兩幅圖像，讓無文化的普通百姓對該條的意思有形象的認識，而後繼之以其他五項。以第十二條聖諭為例，其〈演說〉一項是這樣寫的：「這一條聖諭是皇上叫爾等百姓各有公道良心，不可逞刁害人的意思。古語云：人善受人欺，馬善得人騎。欺愚壓善倚官誣害，人情薄惡，多所不免。但果受冤抑，訟之官府，辨明是非，此或出於無奈，可以偶一為之。若恃己刁詐，誣蔑鄉愚，瞞天障地葬送小民，桁楊桎梏，不可解脫，清夜自思，亦覺難安。」這種解釋已有點靠近白話了。在〈事宜〉一項裡又舉出幾條勸告，即：「聲勢勿矜，財力勿恃、智謀勿尚，詞辯勿逞，打點勿誇。」對每一條又進一步用文言講解。〈律例〉一項則列出違反此條所應判罪的規定，如凡誣告人笞罪者加所誣罪二等，流徒杖罪加所誣罪三等，各罪止杖一百流三千里。〈俗歌〉一項頗具特色，以三字四句為一段，若干段為一首，如：「既為人，學忠良，休捏言，貽禍殃。」之類，顯然對象是沒有什麼文化的平頭百姓。這一條共有十一段俗歌作解釋。〈猺訓〉一項是專為瑤族同胞而設，中曰：「爾猺生長蠻方，詩書未習，律法未嫻，每每以強淩弱，以眾壓寡，以曲為直，以是為非，或同排爭殺，使含冤無訴，或與民相鬥使受屈難伸。毒更慘於誣告，害遍及於良善，殊非禮法之宜。」當然所謂「猺訓」一項，今天看來有歧視少數民族之嫌，但在當時卻是因地制宜的手段了。

對於朝廷而言，李來章真是一個恪守職責的好官，不但捨得花這麼大的功夫去做這樣的《衍義》。還進一步把上述的〈俗歌〉一項特為抽出，加以更通俗的解釋，並單刻為《聖諭衍義三字歌俗解》這部書。該書序曰：「自古經傳皆有箋注，遞至宋儒，每用鄉音發揮大義，學者多錄其語以相傳授。粵人區適子又有三字經總括經史，以訓童蒙，讀者便之……今上諭十六條發明聖道，提綱挈領與經傳無異，臣不揣固陋，僭為疏解，朔望率屬恭為講說，亦已家弦戶誦，漸有成效，頗稱盛事。臣猶以為官書（指他自己所編的《衍義》）主於闡發，未免太繁，幼學傳誦，恐猝未便，爰於其中又抽出三字俗歌一項，雜用土音，略為註解，使言下洞曉，一如家常說話，另行雕板頒發民猺，俾相口授，徇於道路，竊比遒人之木鐸，庶耳濡目染，薰陶德性，亦行遠登高之一助云爾。」

《俗解》此書的實例可舉第十二條的兩段為說。一段是：「『詞既虛，多自礙，德累人，結冤債。』這四句是說好行誣告之人，架起虛詞必有妨礙，謀害他人，結下冤家，如揭（按：應是結之借音而誤）債須償，後來定有災禍，及於子孫。」另一段是：「『多陰謀，遭神忌；號讒人，非天意。』這四句是說誣告之事，如暗中放箭，陰謀害人，神明鑒察，最惱恨他，世上叫此等人為讒人，非是無意，乃以為最沒良心，故甚其詞也。」

比起梁延年來，李來章似乎不是一個沽名釣譽的人，而是一個愛做事的人。他到連山的前一年，當地還發生過瑤民起義的事。據《禮山園文集》所收李氏〈本傳〉言：「癸未筮仕得粵東之連山，地本窮荒，又甫罹猺亂後，時雖就撫，猶疑懼弗靖，來章涖任，召耆老詢疾苦，首革無藝之征，招流勸懇（按：當為墾之誤），治民事神，次第舉行。因念猺雖異類，亦有人性，當推腹心以待之，乃深入巢穴，親與設誓明心，宣佈朝廷威德，講聖諭，撰三字歌，延師訓其子弟，諸如焚妖書，平物價禁搶擄，解仇忿，慇勤誥誡，行三年，革面回心，民猺一家。」不但可見其勤於職事，而且對瑤族同胞不予歧視，更值得稱讚的是他由於經常下訪瑤鄉，因此寫出了《連陽八排風土記》，這本書至今仍有其重要的學術價值，尤其是其中所記載的瑤語更是絕好的歷史語言資料。

不過奇怪的是，無論是梁延年還是李來章，後來在官場上都並不飛黃騰達，至少是沒有做到省一級的官員，看來仕途與政績並非是一致的東西。李來章康熙六十年五月初八日終於許州，享年六十八歲。後來雍正的《廣訓》他並沒有看到，如果他看到不知會有什麼新舉措？

第十種是《聖諭十六條口解》。這也是一個假定名。現存康熙五十六年浙江巡撫朱軾所寫一書也是對《聖諭》的闡釋。但該書已經殘缺，既無內封，且正文也缺第一頁（正文前不知是否有序），第二頁也極殘破，因此不知書名為何，只在版心刻有「聖諭十六條」五字，且書後殘缺的跋文中似有「……口（此字的下半部似為『子』）解」字樣，遂暫以之為名。書的篇幅不大，用通俗語言對十六條進行逐一解釋。如十二條開頭說：「世上百事可做，第一不好的是做狀子。若是替人辯冤理枉，直敘情節，到也罷了。他偏要架情，開口說無捏不成詞，小事裝大，無的說有，自盡命案，定說毆死，田地價值不遂，就說勢佔……」這樣的話也接近大白話了。

該書在解釋完十六條以後，有一段跋語讓我們得以了解成書的經過：「軾起家縣令，筮仕得楚之潛江，思教民易俗，莫如上諭十六條，爰用楚中鄉語註為訓解，使婦人孺子皆可通曉，朔望親集士民宣講於明倫堂，又遴選鄉耆優其禮數使各解說其鄉，軾偶以事出郊坰，輒召其父老子弟為之解說，環立如堵牆，人人傾聽。近年官奉天旗民雜處之地，亦嘗於暇日宣講垂白之老，有流涕者。嗚呼！誰謂人心不古，上理之治不可復見於今也。今兩浙人文淵藪，歷代名儒大臣理學經濟豐功偉烈炳耀千古，較四方為勝，然而機械變詐之習所以陷溺乎人心者亦較四方為深。軾以涼德謏才謬膺簡命來撫此邦，戰戰慄慄，惟懼不克負荷思所以上體九重子惠元元之意，莫如教民為善去惡，仍取舊解稍為刪改付梓頒發各郡縣令共宣揚天子之德……」另外該書後面又附有婚禮條約、喪禮條約與約捕弭盜要略各一卷。

以上所舉雖然只有十種，但極具代表性。為聖諭作解者，上有巡撫，下至縣令；既有文官，復有武將；官員任職地點分佈也很廣，只縣令三人就分別在廣東、安徽、福建三省。看來當時註釋康熙《聖諭》的讀本絕不少，所以經過數百年的淘洗，才會有這麼多的不同品種傳世。而且據李來章講，當時詮釋聖諭的確是蔚為風氣的一件大事：「國家自削平叛逆，廓清海宇，堂陛之上，尤重文教，一時建牙吹角閫外。諸大師多仰體聖一輩子興起禮樂之至意，詮釋聖諭。」（《禮山園文集》卷一〈郡司任公壽序〉）遺憾的是，諸大師的詮釋本似乎沒有留到今天。但我們知道這其中有一位是魏裔介，他是順治三年進士，官至大學士，曾寫有《教民恆言》一卷，《四庫全書總目提要》說：「是書本聖諭十六條衍為通俗之詞，反覆開闡，以訓愚蒙，前列講約二圖，蓋其家居時所作也。」此書列入四庫存目中，今已不得見。張伯行也可以算作一位大師，他是理學名家，有許多著述，據他自己所言就著有《十六條衍義歌詩》（《正誼堂文集》卷三十八〈告示三〉）。同時張也是地方官，曾相繼任福建與江蘇巡撫多年，頗得康熙皇帝的賞識。

除諸大師外，地方官詮釋聖諭的著作應有相當的數量，能留下來的恐怕只是少數。例如據康熙間學者耿介說，王日藻於康熙二十一年到河南任巡撫後，就有《註釋十六論》之作（《敬恕堂文集》卷六）。又據山西寧鄉知縣呂履恆云，噶禮在任山西巡撫時，也曾「頒所註上諭十六條直解於郡縣，俾以時為民講肆勿怠」（康熙《寧鄉縣志》卷十〈藝文〉）。又康熙《上杭縣志．藝文》有一篇〈上諭十六條箋釋序〉，其中說到該縣知縣蔣廷銓做了一本《上諭十六條箋釋》，但無論是王日藻的註釋，噶禮的直解還是蔣廷銓的箋釋今天都見不到了。看來當時各省大員，甚至小到知縣普遍都有類似的舉動，只是被歷史長河所淹沒了。

除了上述這些比較正式，篇幅較大的著作外，在晚清還有兩種把詮釋《聖諭》與講解法律結合起來的篇幅不大的著作，打算放到後面去講。這裡還需要提及一種更簡單更通俗的詮釋《聖諭》的書，是《聖諭繹謠》這樣只有十來頁的小作品，這是同治元年河北獻縣知縣陳崇砥所寫的。他將每條聖諭演繹為一首七字一句，一共八句的歌謠。如第十二條「息誣告以全善良」，就繹為：「物必先腐方生蛆，人因好訟被人愚，訟師包准不包問，一紙飛狀多憑虛。懷嫌挾詐恣所欲，纍纍拖累皆無辜，訊明反坐加三等，誣告告人還自誣。」雖然這本小書的存在可以說明，直到晚清，都一直有單獨敷衍《聖諭》的著作出現。但毋庸置疑，自從雍正《聖諭廣訓》問世後，詮釋性的著作主要集中在對《聖諭廣訓》精神的闡發，而少見單獨對《聖諭》的詮釋了。尤其是在雍乾兩代，文網綦嚴，誰還有這種膽子去自討苦吃，不如就《廣訓》敷衍敷衍算了。如《聖諭繹謠》這樣的歌謠想來也不會少，但不一定像其作為一本小書出版，如見於康熙《寧鄉縣志》的就有一種《講約詩》，知縣呂履恆用十六首俚詩來作十六條的通俗講解，如其中對「明禮讓以厚風俗」一條是以這樣的句子將其通俗化的：「為國須將禮讓先，今人囂薄久相沿。不知後輩尊前輩，翻使高年怕少年。雞黍誰供家長饌，牛羊偏踏近鄰田。莫嫌俗吏頻頻說，易俗移風慕昔賢。」這樣的宣講資料能流傳至今的也不多了。

最後，還有一種對《聖諭》表示尊重的特例，是自己不著一字，僅將十六條照本宣科重刻行世的，因為皇帝有了聖諭，臣下不能不有所表態，即使無有能耐講解，也要有其他表示才行。康熙二十四年，廣東巡撫李士禎將頒行了十來年的上諭十六條重新上梓，並附了一篇序，加以發行。這大概也是世界上最薄的書之一了。全書一共只有五頁，上諭只有一頁，而序卻佔去四頁。該序略云：「嘗觀五經之傳、四子之書，如日月之經天，如江河之行地，亙古彌新，至今不朽者，固帝王精意所傳，聖賢心法所著，而猶賴有定本焉，以永承於勿替也。若以赫王言，煌煌德意，可與五經之傳、四子之書並垂天壤者，烏可無定本以昭示來茲乎。」李士禎重梓上諭就是為了使十六條有定本傳世。此舉當然也是做給皇帝看的，否則十六條有多少字，所謂定本有若何價值可言？重要的倒不是十六條的定本，而是借此序來表明心跡。所以該序接着説他自從擔任廣東巡撫以來，「不敢憚煩，每於朔望後，率屬親講闡揚睿意，啟迪愚民。嶺南梗化之鄉，亦駸駸乎漸至馴良矣。即賢守令之恪遵教化者，亦能倣而行之。凡於薦舉大典皆先課其教民之政，而後及於其餘。故遐邇同風，賢愚同化，亦幾幾乎漸仁摩義矣。」由此亦可看出，州縣一級的講解十六條尚未成為固定制度，只是賢守令才仿效。另外，一月兩次的講解，也有在朔望後一天即初二與十六舉行的。雖然李士禎這本薄書不起眼，但卻是罕見書，我也只在巴黎見到。

五、《聖諭廣訓》的白話講解著作

《聖諭廣訓》是用文言寫的，對於斷文識字的人不難，對於沒有文化的人等於白說。既然皇帝的這些教誨是要老百姓聽懂並且還要遵守的，所以必須用他們能懂的話明白地講解出來。因此在這裡實用的價值要擺在第一位，至於白話是否有庸俗化的嫌疑則不是要緊的事了。在清代對《聖諭廣訓》進行白話詮釋的著作恐怕不少，但最流行的兩種，一是有明確作者的《聖諭廣訓衍》，一是至今不明作者的《聖諭廣訓直解》。這兩部書有眾多的翻刻本，大都是地方官員，尤其是省一級官員主持刊刻的，這些官員在書前書後的序跋中都一再強調，宣講聖諭時要用方言俗語，要明白如話，要以民間老孺能解之語疏暢之。這也就是這兩部白話講解著作得以產生與流行的背景。

《聖諭廣訓衍》由三部分內容組成，如果加以分解就是「聖諭＋廣訓＋衍」。這「衍」就是從文言的《聖諭廣訓》的白話翻譯，翻譯者是雍正元年進士，擔任陝西鹽運分司職務的天津人王又樸。王氏的白話翻譯寫在二百多年前，但是其平明流麗的程度，連民國時期的某些擅長白話的小說家都應自歎不如。試舉一例，《聖諭》第十二條為「息誣告以全善良」，《廣訓》演繹成六百十九字，其開頭曰：「國家之立法，所以懲不善而儆無良，豈反為奸民開訐告之路，而令善良受傾陷之害哉。」這種文謅謅的話，即使照本宣科得再好，又叫老百姓如何聽得懂？前引湖北荊州總兵杜森的條陳中就說道：「臣開暇之時復進部伍各丁，詢及《廣訓》意義，則面面相覷，俯首莫答。不惟麤笨之人如此，稍識文義之丁亦不過領會十之一二，莫能豁然通曉。」可見如果不對《聖諭廣訓》加以通俗化，則這一「廣訓」等於無用。因此王又樸將這幾句話「衍」成這樣的意思：「朝廷立下法度，原為治那不好的人，但凡沒良心的，為非作歹的，有官府們處治他，叫他知道儆戒，好改過自新，難道設立下個衙門，倒叫奸詐人去害好人不成？」比起拗口的文言來，這是多麼地明白了然！王著除了將《廣訓》逐句翻譯成白話外，有時還加上一些自己的話。如上述這一條，前面就加上一句「萬歲爺意思說，天下有好人，就有不好人」，以使文氣貫通。另外，《聖諭廣訓》中簡單提到的一些實例，如「嘗聞古人或認牛而不辨，或奪禾而不爭」也必須敷衍成劉寬與郭翻兩個故事，才好為老百姓消化。於是經過白話的一番「衍」釋，全書大約有三萬一千餘字，相當於《聖諭廣訓》的三倍有餘。

白話是人人天天要講的，不管是高居廟堂的權貴，還是滿腹經綸的學究，都不能老是一本正經地「之乎也者」，大部分時間內都得講大白話，更不必說庶民大眾更是絕不會以文言作為日常生活用語的。這裡有一個有趣的例子，說明即使貴為皇帝，平常說話也是用的白話，有時不小心還要漏到奏摺上。光緒十歲的時候，已經開始學習批閱奏摺。其中有一份原來寫着「你們作督撫的」應如何如何，後來又在旁邊用小字註着「爾等身膺疆寄」，可見前面是平常說的話，而後面只是冠冕堂皇的官樣文章而已。但是在中國汗牛充棟的文獻中，多的正是這種官樣文章，白話材料卻是寥若晨星，而且主要是在文學作品方面，因此而有胡適的《白話文學史》、鄭振鐸的《中國俗文學史》等著作，盡力加以發掘。但文學作品並非傳世文獻作品的大宗，經部和史部的全部，子部與集部的大部分，都是文言文的大本營。史學文獻的白話，只有蔡美彪等人所輯的元代的白話碑材料最為突出，但那是刻在石碑上，為了使老百姓能夠讀懂，達到讓他們遵紀守法的目的。至於寫入文獻，便沒有一條法令是用白話寫的了。所以《聖諭廣訓衍》是白話研究的絕好材料，讓我們一讀就明瞭雍正時代中國的大白話是什麼樣子的，與元代的有什麼不同，到民國時又有什麼變化。不過研究白話的人好像很少注意到這部書。

將《聖諭廣訓》翻譯成白話，當然是為了擴大影響，使其發揮真正的效用。由於白話的作用比文言大，所以這部《聖諭廣訓衍》被各地官員不斷翻刻，連書的原名《講解聖諭廣訓》也被改掉了。但所謂原書名也是耳食而來，雍正版的原書至今未見，此說未必絕對可靠。順便說說，本文開頭所提到的聚珍本，將「聖諭」、「廣訓」與「衍」三部分糅在一起，再逐條排列。這恐怕未必是原刻的模樣。最近承友人贈一刻本，《聖諭廣訓》單為一冊，而《廣訓衍》（不另列書名，而標於版心）另為兩冊，該刻本很明顯的是將原版片的「萬歲爺」剷去，而後補刻上「世宗皇帝」，有的地方來不及補上，還留下空白。這樣的刻本產生於雍正之後，而以雍正時期的原刻挖改而成的，也許正保留了原書的結構也未定。

王又樸寫白話原有根柢，他一生好稗官小說，好《論語》好《孟子》。而《論語》、《孟子》正是文言中的白話。除《聖諭廣訓衍》以外，王又樸所著的《雜纂》中也有白話，可見他對白話寫作的喜愛。王又樸的官運並不特別亨通，今人大概很少有知道他的，包括他的天津老鄉在內。但他留下的這部《聖諭廣訓衍》已足夠讓他留名不朽了。他當然還有其他著作，包括研究《易經》研究《孟子》的專著，也都有其出色之處，但到底不如《廣訓衍》的地位重要。不過奇怪的是，在王又樸留下來的各種文字中竟絲毫不及其《廣訓衍》，是否他自己覺得這只是一時的遊戲之作？由於他自己不留下記錄，而翻刻的人又都把原書的面貌有意無意隱去，致使無人知道《廣訓衍》是何時所寫，甚至不知道王又樸還為該書寫有一篇重要的跋，好在上述友人所贈刻本，保留了這一篇跋文，才使我們知道《廣訓衍》撰於雍正四年，去《廣訓》之作不過兩年，也許它就是最早詮釋《聖諭廣訓》的著作也未可知。王又樸還是一位襟懷坦白的人，其自定年譜中的一些片段，與盧騷的《懺悔錄》簡直如出一轍，其拒絕受賄的一段話更是絕妙的文字。但與本題無關，不必多贅。

《聖諭廣訓衍》有時也被稱為《聖諭廣訓衍說》。曾看到一種《聖諭廣訓衍說律例附》，作者是光緒二年掌雲南道監察御史吳鴻恩，刊行者是廣州府景澧。據吳在跋中所言，該書是「爰取（王又樸）《衍說》舊本，重加參酌」，並於各條後「附以大清律例，匯為一冊付梓」。可見光緒間也有人將王著稱為《聖諭廣訓衍說》。至於所謂參酌，只是某些字眼的改動而已，也許是為了適合當地人的閱讀。如第一條，王又樸原本說：「這個孝順的道理自有天地以來就該有的。上自天子，下至庶人，都離不了這個道理。怎麼說呢？只因天地間的人沒有一個不是父母生養的，就沒有一個不該孝順的。如今且莫說你們怎麼孝順父母，只把父母疼愛你們的心腸說一說，便省悟了。試想你們在懷抱的時候……」而吳本則說：「者箇孝順的道理大得緊，上而天，下而地，中間的人，沒有一箇離了者箇理的。怎麼說呢？只因孝順是一團的和氣，你看天地若是不和，如何生養得許多人物出來呢？人若是不孝順，就失了天地的和氣了，如何還成箇人呢？如今且把父母疼愛你們的心腸說一說。你們在懷抱的時候……」這還是差別較大的。至於第十二條，直接就是抄錄王本原文，兩本之間簡直就沒有什麼差異。吳本所附律例也不是自己的發明，是以下文將要提到的夏炘的書為藍本的。

《聖諭廣訓直解》是另一種《聖諭廣訓》的白話講解本，但稍帶文言味。以第十二條為例，《直解》是這樣開頭的：「萬歲爺意思說，國家設下個衙門，原懲治行惡的，儆戒沒良心的，叫他好改過自新，難道叫一般棍徒，倒去告善良人，害好人不成？」雖然也是白話，但到底不如上面引述過的《廣訓衍》同一條白得徹底。當然還是明白如話，一般老百姓完全能夠聽懂。《直解》的作者不知是誰，無跡可尋。直到咸豐年間，《直解》似尚未流行全國。據咸豐同治間任安徽布政使何璟所言，他在京師任職時，聽說江西、湖北等省刻有《直解》一書，但未曾見到。遷官安徽後，才從學政馬恩溥處看到此書。而且現今所存《直解》各本未見有刻於咸豐以前的。可見《直解》的出現當遠在《廣訓衍》之後。但後來該書逐漸流行起來，也有大量翻刻本，甚至還成為某些方言本的底本（如本彙編中的吳語本《直解》）。魚善氏以為《直解》是以《廣訓衍》為底本而改寫的，有一定道理。

但《廣訓直解》與《廣訓衍》的不同除了在語言方面外，還有認識上的差異。前者是提倡愚孝的，因此刪去了後者第一條以下這段話：「且如古來的人，有臥冰的，有割股的，有埋兒的，這樣的事，便難學了，也不必定要這麼做，才叫做孝。」雖然《直解》並未公然提倡「臥冰」、「割股」、「埋兒」，但既然刪掉這段話，就暗示這樣的事可以學，應當做。與此同時《直解》又加上了《廣訓衍》所無的一段話，明確主張愚孝：「還有一句不通的話。他說我也要孝順，怎奈爹娘不愛我。卻不知兒子與爹娘論不得是非。爹娘就如天，天生下一根草。春來發生也由天，秋來霜殺也由天。爹娘生下的身子也由爹娘，說什麼長短。古人說天下無不是的父母，如何說爹娘不愛你，你便不孝順呢？」這樣一增一減，並非沒有道理，說明越到王朝末年，越要百姓愚忠愚孝。因為康熙的《聖諭》很奇怪，並沒有一條專門講到忠，卻把孝放在最重要的地位，但這並不是皇帝不需要臣民的忠，而是將忠化在孝裡頭，孝是老百姓切身的事，忠卻有點山高皇帝遠的味道，所以主要提倡愚孝，這樣一來愚忠也就在其中了。在王朝鼎盛時期，還允許有王又樸根據皇帝意思發揮的那樣比較開明的孝道，太平天國革命發生以後，統治者更加認識到箝制兵民思想的緊迫性，《直解》的刊行恐怕是有意來代替《廣訓衍》的，兩者的差別正不只在白話程度的高低，還在於意識形態的倒退。今所見《聖諭廣訓衍》不見有咸豐以後的刻本（日本學者魚返善雄所藏的嘉慶本還缺了三頁，只好以《直解》來充數以放入其所編輯的《漢文華語康熙皇帝遺訓》一書之中，後來借到原文才予補入），而《聖諭廣訓直解》卻不見有道光以前的本子，恐怕不是沒有原因的。

講解《聖諭廣訓》的白話著作最為流行與常見的即是上述兩種，另看到有一種叫做《聖諭廣訓衍說》（所見本缺內封面，無序跋，不知何時何人所刻）的，初看之下，以為是一種新品種，仔細對勘以後，發現與《聖諭廣訓直解》幾乎雷同，只有個別字的出入。如《直解》第十二條中的幾句話：「自己犯了法，推卸給旁人，不是倒說是的，理曲混做直的。常粧點些呼天喊地的話兒，顯他神出鬼沒的手段。」在《衍說》中這段話則為：「自己犯了法，推卸給旁人，不是倒說是的，理曲混做理直，常粧點些呼天搶地的話兒，顯應他神出鬼沒的手段。」兩相對照，只有三個字的出入。不過這小小的出入，倒顯出《衍說》的文字似更通順一些。另外，《衍說》每條講解的第一句話是「憲皇帝（即雍正皇帝）意思說」，而不是《直解》中的「萬歲爺意思說」。但除此而外，此《衍說》與上述《直解》沒有什麼兩樣，可以不當它是一種新品種。這種與《直解》本幾乎雷同的《衍說》本最近又偶然得到一種，但只有前半本，是道光庚寅年（一八三〇年）四川候補直隸州州判張鵬翀刊刻的。書前有刪節過的王又樸的序，易讓人誤會是《聖諭廣訓衍》，其實不是。看來這種《衍說》本大概也曾廣泛流行過。張鵬翀這個刻本在衍說十六條之前還有欽定學校規條，康熙訓飭士子文，雍正諭教士子責成學臣教職文、諭老農文，嘉慶邪教說等內容。

在廣為流行的《聖諭廣訓衍》與《聖諭廣訓直解》之間還有幾種比較罕見的《聖諭廣訓》詮釋本必須提及。第一種是雍正七年呂守曾所作之《聖諭廣訓直解》。但在敘說這部最早的《直解》時要先說到另一部名為《聖諭廣訓註解》的本子。這部《註解》無序無跋，只在本文末尾有一行說明：「道光元年辛巳七月順天府府尹臣申啟賢恭刊」。初不知作者是誰，也不知最早刊於何時。這個註解本的白話程度較差，但仍比文言通俗得多。它與前兩種講解本不一樣，不是對十六條《廣訓》作整條連貫的白話解釋，而是先將《廣訓》本文分成若干段，然後在每段後面做解釋。而且另有一個特點，是在分段詮釋雍正《廣訓》之前先將康熙《聖諭》每一條作幾句話的說明。

如對第十二條「息誣告以全善良」，《註解》說：「誣是誣賴，告是告狀。善良是好人，誣告不息，必定要冤賴好人。若能息了誣告，這好人定然是安生的了。」再則把《廣訓》自行分段，其首段的本文是：「國家之立法，所以懲不善而儆無良，豈反為奸民開訐告之路，而令善良受傾陷之害哉。夫人必有切膚之冤，非可以理遣情恕者，於是鳴於官以求申理。此告之所由來也。」《註解》則這樣敷衍：「這頭一段是說告狀底來歷底。從來朝廷立法，原是懲治那為不善的人，儆覺那無良心底人。何嘗是為那奸詐小人開箇誣告底門路，倒教這些好人受他底陷害麼。且說人為什麼告狀，必定是有了切身底冤枉，不是可以忍得過去底事，然後才告到官上，求一箇公斷，申明正理。此告之所以由來也。」

這種註解顯然膽子忒小，不敢自由發揮，與雍正原話相去不遠，遠不如《直解》與《廣訓衍》明白易懂，大約正因為如此，流行程度也比上述兩種要差，知道的人不多。但即使如此，這種本子也曾一度行時過。我所見的本子是很偶然在法國漢學家沙畹的藏書中發現的，因為大量印刷，版片已經過度磨損，字跡模糊甚至空白者不少。回國後，我很想在國內圖書館找到這個本子，但沒有結果。後來卻很偶然地在上海圖書館與華東師範大學圖書館發現有題為《聖諭廣訓》，而實即與此本完全相同的兩種刻本。由華師大所藏本知道，雍正七年有完縣知縣呂守曾其人，曾對《聖諭廣訓》作了註解，書名為《聖諭廣訓直解》，書後並附有曾所寫的跋和俚歌十餘首。但該《直解》的原刻本至今未見，所見本是嘉慶五年時，盛京兵部侍郎穆克登額與奉天府府尹明志等人重刊的，並在書前書後加上一些有關文獻，如順治六諭、康熙與乾隆訓飭士子文，以及重刊者自己的跋文等。上海圖書館的本子，則是光緒十二年將嘉慶本再行翻刻，並編入《津河廣仁堂所刻書》中，但呂跋及俚歌均刪去。呂氏跋雖自稱其原書名為《聖諭廣訓直解》，但上述這兩種翻刻本皆直接以《聖諭廣訓》為名，未有其他標題。上述沙畹藏書中的《聖諭廣訓註解》，則是刊刻者順天府府尹自己杜撰的書名，而將原著者呂守曾之名隱去。順便說說，這個呂守曾也不是等閒人物，雍正二年進士，是皇帝很看得起的官員，在他的履歷表上，雍正親自批有如下字樣：「呂履恆之子，甚有出息，將來可望成人，明白有氣概。」他在雍正六年被任為完縣知縣，果然不負皇帝厚望，第二年就作出《直解》。劉錦藻所編的《清朝續文獻通考》中的〈經籍考〉，只登錄兩本講解《聖諭》與《聖諭廣訓》的書，一是《聖諭像解》，另一就是呂氏這部書，可見此書在當時的地位不低。

第二種是乾隆十年山西澤州府同知宋勤業的「恭繹直講」本。此本並無自己的書名，而是以《聖諭廣訓》之名行世。宋在同知任上，為宣講的方便，將《聖諭廣訓》逐句譯為白話，不但在所屬五縣裡使用，而且呈報山西省巡撫，推廣到全省。一般的白話本子，只繹《廣訓》十六條而已，此本還將雍正皇帝的序也用白話直講了出來。但此本的白話遠不如《廣訓衍》，只是機械勉強的翻譯，不能像《廣訓衍》那樣不死摳原文字句，寫成琅琅上口的真正白話。例如將第八條中「蓋法律千條萬緒，不過準情度理，天理人情，心所同具，心存於情理之中，身必不陷於法律之內」，譯成「原為法度律令千條萬緒，不過推準人情，揆度事理，那天理人情個個心裡的同具，把心來存在情理的中，身體決不陷入法律的內了」。而《廣訓衍》這一段卻是：「總之，法律千條萬緒，不過是準情度理，天理人情個個都是有的，人若是心腸常常存在情理之中，這個身子斷乎不至陷於刑罰裡邊了。」兩下字數幾相等，但後者順口得多了。有意思的是，《廣訓衍》雖然是白話，但卻不避「之」字這樣的文言，而宋勤業的直講本，卻把所有的「之」字，都換成了「的」，以至於有時顯得很彆扭。如第二條裡的「果然使一姓的中，秩然有序不紊」一類句子經常出現。因此在此本頒行山西全省時，有司還說明宣講時仍要使用當地的土語，而不是照本宣科。不過此本在方言研究方面也有可取之處，即與今天常用詞顛倒的說法很多，如「織紡」、「易容」、「缺短」等等，屢見不鮮。又「把」字句特別多，「把」有各種用處，如「便把拖累」，如「勤力田地，把上養父母」，如「起始把和合歡樂」之類，或許是當時山西一帶的俗語？

第三種無正式書名，是一套書裡的第三、四兩冊，封面分別題作《聖諭廣訓第一條起至第八條尾止第三本》與《聖諭廣訓第九條起至十六條尾止第四本》，內容是對《聖諭廣訓》的近乎白話的解說。該套書未見著錄，其第一、二兩冊題名是《聖諭廣訓附律例成案》（詳後文），為乾隆十年鎮江府儒學教授趙秉義所作，故疑第三、四冊亦應是同人同時之作品。此書並不是在每條《廣訓》之後作解說，而是將每一條分成數段進行詮釋。如對第一條中的「以養以教，至於成人，復為授家室、謀生理，百計經營，心力俱瘁，父母之德，實同昊天罔極」一段，解說為：「父母待子，不但有以養之，且有以教之，到了兒子長大成人時節，復為授以家室，謀其生理，千方百計，內勞其心，外竭其力，務令兒子安居樂業，方才快活，仔細思來，天地乃一大父母，父母之恩亦一天也。其德直與天同量。」比起文言來，雖然白了一點，但還不是完全口語的樣子，說明流暢的白話並不好寫。而且解說文字只是將原文的濃度稍微化開一點，絲毫沒有加入自己的任何見解。

第四種是乾隆四十年初浙江巡撫三寶的解說本。此本亦無自己的書名，也以《聖諭廣訓》之名行世。書的開頭列十六條的名目，然後說：「這個十六條，是康熙皇上的說話，雍正皇上又將聖諭逐條解說明白，勸化你們眾百姓都做個好人的。如今逐條解說與你們聽。」以下正文部分每一條先對《聖諭》作註，然後將《廣訓》分段作白話的講解。如第十二條「息誣告以全善良」下面有「註：這條是叫你們不要聽信挑唆，謊告狀子，連累好人的意思。這句是康熙皇上的話，雍正皇上又這話說個明白」。而後錄廣訓「國家之立法，所以懲不善而儆無良，豈反為奸民開訐告之路，而令善良受傾陷之害哉」一段，解說道：「朝廷制這法律，原要使不善良的人曉得怕懼，豈是替你們開出告狀門路，倒使良民受陷害嗎？」看得出，這種解說既未將《廣訓》所有意思都譯成白話，而且白話水平也不很高明，但應該說這樣的講解還是比《廣訓》原文好懂得多。由於沒有敷衍鋪陳，所以解說全文字數比《廣訓》原文僅只膨脹一倍有餘而已（與上述的宋勤業本差不多）。此解說本在兩年後三寶升任湖廣總督後又分發各府，以備宣講之用。今所見全本則為嘉慶二十一年湖北巡撫張映漢重刊本。

　　第五種是乾隆四十年末，江西吉州府知府盧崧所刻的《世宗憲皇帝聖諭廣訓直解》。此《直解》本並未單獨成書，而是作為《三朝聖訓》（即順治、康熙、雍正三代皇帝的訓諭彙集）的附刻形式行世的。這部《直解》的寫法比較自由，並不死摳着廣訓的原文，一字一句地譯為白話，而是按《廣訓》的基本意思，用白話演繹出來，有多說的地方，也有略去的枝節。有些條目在演繹之前有一段話分析為何要有此條的道理。如第十一條開頭先說：「這是聖祖仁皇帝懲治奸惡，保全善良的意思。天下的人，怎麼叫做善良？守本分，保身家，不欠錢糧，不作罪犯，就是善良了。但奸惡的人，往往看得善良人柔弱可欺，每借端起釁，就要告狀，使乖弄巧，以無為有，以是為非，或一時官府被他瞞昧，把善良之人，弄得七顛八倒，這個善良就不能保全了。如今皇上所以反覆誥誡，要保全他。」以下再就《廣訓》本文詮釋，但詮釋的路數並不亦步亦趨。如《廣訓》此條第一句話是設問的口氣，《廣訓衍》與流行之《直解》本也都仿其口氣翻譯，已見上述，而盧崧卻換成平鋪直敘的方式：「從來的官府，原是懲治奸刁惡人，不是容他們欺害好人的。」力度顯然弱了。但整體看來，於普通老百姓的理解並無根本影響。其白話水平不及《廣訓衍》與流行本《直解》，也不過分鋪陳，所以總字數在一萬八千左右。

第六種是嘉慶二十年陝西按察使繼昌所作，名字也叫《聖諭廣訓衍說》。這部書封面總題名為《聖諭廣訓衍說附》，前半部分全錄《聖諭廣訓》原文，後半部分又另有書名為《聖諭廣訓衍說》。而且兩部分字體不同，半頁行數與每行字數亦有別。前者是手寫體，較美觀，後者是方體字，頗呆板。前者半頁八行，行十四字，後者九行，行二十字。這樣的差別大概是為了表示皇帝的聖訓與臣下的衍說地位的不同。據繼昌後跋說，他是因為擔心「愚夫婦不諳（《聖諭廣訓》）文義高深，尚不能悉心領略」，所以「以尋常諺語講衍」的。其白話講解路數與《聖諭廣訓衍》遠而與《聖諭廣訓直解》近。如仍以十二條為例，其開頭數句是：「國家設立各處的衙門，原為懲治那作惡的人，並儆戒那沒良心的人，無非叫他去改過自新，做個好人。難道聽憑這班好訟棍徒，倒去混告善良人，拖累好人不成。」已比《直解》略多幾字，整體白話程度也比《直解》略高，但兩者基本語句相去不大。只是這書自有其特點，因為是按察使所作，與其工作性質有關，特意在每一條中都比上兩書詳細說明犯了此條應得什麼處分，所以總字數也要多一些。

第七種也稱作《聖諭廣訓直解》的著述是一名地位很低的人所寫的。此人名叫歐陽梁，不過是嘉慶朝江西建昌府南城縣監生。他這本《直解》收入《三餘書屋叢書》二集中，此叢書在上海圖書館所編《中國叢書綜錄》中未見，算得是一種稀見書。歐陽梁在其書前有一段說明，講述了著此書的緣起，說他自恭讀嘉慶五年上諭以來，「於課讀之下，敬將《聖諭廣訓》十六條諭旨朝夕講求，俾童蒙誦習，日遷於善。爰是敬用方言淺語逐段箋釋，冀薄海內外家喻戶曉，以仰副聖天子壽考作人之至意」。這時大概還只是口頭箋釋階段，到嘉慶六十壽辰時，又「將《聖諭廣訓》衍為《直解》」，才成為該書的模樣。監生在清代是很被人瞧不起的，因為他們魚龍混雜，多半沒有學問，甚至連生員頭巾有的都是用錢捐來的，所以當時諷刺監生的笑話很多。但「有錢能使鬼推磨」，這個歐陽梁在嘉慶五十壽辰時，就將《聖諭十六條》鐫石置於江西南昌學宮，六十壽辰時更再刻石列於太學辟雍之內，這樣的事非有財力不辦。所以《聖諭廣訓直解》也未必是歐陽梁本人所撰，說不定是請人捉刀的。

該書的白話水平尚可，但方言土語並不多，不是以純粹的贛方言或南城本地話寫成。在每一條直解最前面，先用近二百字篇幅闡釋康熙的七字聖諭，先逐字作解，再逐詞說明，再作總說，如第一條先解為：「敦，加勉意；孝，順爹娘；弟，敬兄長；以，用心意；重，是尊重；人，世間人；倫，是倫常。」接着又說「孝弟，是奉事父兄的道理；人倫，君臣、父子、兄弟、夫婦、朋友」。進一步又解釋：「敦孝弟，先勉盡父子兄弟的二倫；重人倫，是重此五倫。」而後又闡釋「敦孝弟」與「重人倫」的關係：「孝弟若然能敦，人倫自然必重。若二倫既盡，自然於君臣夫婦朋友上的三倫都能盡道理的……」這近二百字的文章實際是作者自己對《聖諭》的理解，而且說得很淺顯，一般人都能聽懂。這以後進入本文，逐段對雍正的《廣訓》進行白話講解。我們仍以第十二條頭一段為例，以看出其寫法：「這頭一段，是憲皇帝國號雍正，說從來告狀的來歷，你們聽着。從來朝廷立的良法，都是儆戒那些不好的人，豈反為奸詐的歹人，開他誣告的門路，而叫這些善良的好人受他們傾陷的害麼。若人實要來告狀子的，必定有切己的冤枉，不是可以理能遣開，情能寬恕的事，所以來告到官，到官原求個公斷，此告狀之所由來的。」這樣的《直解》比上引呂守曾的《直解》還不如，沒有一句自己的話，完全是雍正原話的逐句白話化而已。

最後一種書名比較特別，叫《鄉約白話》，這是做在《聖諭廣訓直解》之後的。其內容表面上看是在講約的時候對《聖諭十六條》進行解說，實際上是以《聖諭廣訓》作為藍本，將其用白話宣講出來，只是書中並沒有出現《聖諭廣訓》的本文。清代康熙以後，鄉社講約的中心內容就是《聖諭》與《聖諭廣訓》，所以此書乾脆不以直解、衍說一類為名，而直接稱為「鄉約白話」。而且本書也是目前所見最為實用的宣講材料，不像前面有些高官與儒學教授的詮釋本那樣，還有點文縐縐的味道，宣講人其實並不能照本宣科，還要加上自己的解說才能讓老百姓聽懂。至於此本，我們且看它對第十二條的開頭是如何宣講的：

> 這一條皇上的意思蓋天地所生的人本來盡是善良，乃我看現在時世善良的狠多，而兇頑亦不少。為啥緣故？只因世風不古，樣樣存個私心，爭長論短，大家認直不認曲，弄得有了口舌，從此意義不平，遂打起一場官私（按：原字如此）來。然而官司不是好打的，常言道：清官難斷家常事，那能件件是個的當。即就漢于公為東海獄吏，東海有孝婦守節事姑，姑恐妨其嫁，自縊。姑女誣告婦逼勒其母，婦不能自辨，坐斬罪。你想于公何等明決，尚然不能替他雪冤，況有句老話：衙門堂堂開，有理無錢莫進來。一切衙役三班，那個不要錢的，只要你官司一成功，差是差，水是水，償

命是償命，見情是見情，枝枝節節，想出許多花色來，開銷你銀子。就是贏了，已經費了不少。若再一輸，豈非賠飯折工夫，仍舊冤屈無伸，惹人笑話，阿是更犯不着呢，何弗耐些氣，倒安居樂業，過好日子便來得適意了。所以前人説，氣死莫告狀。即使不懂得情理的，撞兇便住，捉善便欺。我越讓他，他越要欺上來，或是強佔，或是盜賣，一切户婚田土，人命盜案，不得已是要經官動府，想懲一警百，亦只宜據實陳詞，等有人出來排解，就要聽人砍切，不可因一時之氣橫，不罷豎（按：疑「誓」之誤）不休。俗話會打官司打半場，最是妙訣。

這簡直就是在對面與你講話扯閒談了。不但是白話，而且摻進方言，「阿是更犯不着呢，何弗耐些氣」完全是吳語土話的口吻。書前封裡有崑山顧仁甫纂字樣，書末又有一行字：候選州同顧文笏敬謹宣講。不知這兩顧是一人是兩者？但這書就是接近崑山方言的宣講稿的實錄，恐怕是沒有問題的。有意思的是此書並不是呆板地按《聖諭廣訓》進行宣講，而是有點脱離原文，加上自己的意見，如云：「我看現在時世善良的狠多，而兇頑亦不少」這樣的話就是宣講者自己加出來的。該書刻於同治九年，刻得很差，字體不勻不美，還用了俗字，並有訛誤。如「個」字就與今天簡體一樣，「官司」誤成「官私」，「豎」疑為「誓」之訛，大約都是同音致誤。但正是這樣的鄉間普及之書，現在卻是極其罕見的，而且嘉慶以後的《聖諭廣訓》詮釋書我看到的也只有這一本了。此書最後還載明版片存於蘇州玄妙觀前某刻字店，可以任人刷印，工本費是制錢百文。

對於《聖諭廣訓》的白話解釋我目前看到的只有這麼幾種，估計類似的著作不會少，只是沒有保留下來，像歐陽梁的《直解》，在國內也僅見於廈門大學圖書館。起初看到該書，就曾想，既然一個小小的監生都能作直解，其他人未必不能作，後來果然在東京、在巴黎、在普林斯頓都發現有知府、巡撫、按察使的作品，因此難保今後不再續有發現。另外，道光二十三年以後相繼任浙江與安徽巡撫的王植，說他「嘗演《上諭通俗解》，以俗言敷衍《廣訓》之文（《牧令書輯要》卷六）」。看來這部《通俗解》也是《廣訓衍》與《直解》一類的書，只是現在已無由得見。還有一些情況不明的詮釋本，也附帶在此說明一下。據前引湖北荊州總兵杜森奏摺中雍正的批語可知，至遲在雍正六年以前就有田文鏡、韓良輔對《聖諭廣訓》進行註解的書出現，但現在也不可得，不知其為文言，還是白話。杜森奏摺原是要求雍正將廣訓通俗化，而雍正指出已有田、韓兩種註解，所以我們可以推測這兩種註解也應該是白話。又雍正五年十一月，江西巡撫布蘭泰曾奏進《聖諭廣訓音註》一書，據該撫在奏摺中所介紹，該書是湖南永州府江華縣知縣陳峋所著，「將《廣訓》萬言句箋字釋，雖未能探聖學之淵源，亦足以啟小民之愚昧」。由此看來，似也是白話講解的著作，只是不知此書尚在天壤間否？

而且直到清末，新的詮釋本還在產生。據山東惠民縣知縣柳堂的《宰惠紀略》（光緒二十六年自序云其時宰惠已五年），在他任上還將《聖諭衍説》與《聖諭俚歌》發給各義學作為學習材料。《聖諭衍説》是山東學政華金壽（光緒十九至二十二年在任）所頒，不知是新作還是舊刻，但《聖諭俚歌》明言新刻，是為了使「無知愚民與鄉里小兒」都能習讀而寫的。

六、《聖諭廣訓》的文言詮釋本及其他

《聖諭廣訓》是道德教育讀本，講解越淺顯，語言越大眾化越好，所以白話本的出現不奇怪，倒是文言的詮釋本罕見。至今只見過一種，即《聖諭廣訓疏義》。該書為光緒十六年（一八八九年）所刻，雖不分卷，但篇幅不小，分訂十六冊，每條疏義一冊，各有內封（參見書影）。該書的具體結構是每條先列《聖諭廣訓》全文，繼而將聖諭七字先作解釋，再分段疏通《廣訓》。《廣訓》的段落分得很細，有時一句就是一段。這裡也以第十二條為例，略

《聖諭廣訓疏義》第十二條疏義書影

兩粵廣仁善堂恭繹

第十二條疏義

光緒十六年夏月鐫版

本堂總局設在廣東省城南關大巷口

本堂分局設在廣西省城西華門大街

加說明。對「息誣告以全善良」的七字釋義是：「告者理也，以情狀上告於官，使得理斷也。誣，欺罔也，以無為有也。《易．繫辭》曰：誣善之人，其辭游。善者，無惡之稱。良者，賢良也。全者，保也、矜恤而曲護之也。上文訓子弟見得家有家法，壞家法以為非者，父兄固當有以禁其子弟。此條息誣告見得國有國法，借國法以行奸者，鄉黨更須嚴息其刁風。」疏《廣訓》第一段「國家之立法，所以懲不善而儆無良」之義為：「天下而盡善良也，法可無庸矣。惟善良者半，不善無良者亦半。有不善無良之人，善良無不受其累者。使無國法以治之，則不善者日益頑，無良者日益衆，而善良之輩，日益仳離，刁蠹橫行，國何以治。五刑之屬三千，無非為懲不善而儆無良者立也。明國法所由立而知一於刻酷者非，一於姑息者亦非。」這一段被疏義之本文不但不成一段，甚至連一句話都夠不上，只是半句而已，可見此疏義之詳細與破碎。由於如此細碎，第十二條的疏義全文竟達萬字之多，其他各條也大致相仿，使該書成為篇幅最大的詮釋《聖諭廣訓》的著述。只是這種詮釋是文謅謅的，老百姓肯定無法聽懂，必得有人進行再解釋才能真正起作用。

《聖諭廣訓疏義》由「兩粵廣仁善堂恭繹」，這個善堂的始末與為何刊此疏義，由全書後面的總跋可略知其眉目。全書總跋有兩通，分別為光緒十六年廣州將軍繼格與十五年廣西巡撫沈秉成所撰。前一跋曰：「粵中廣仁善堂之設，蓋以宣講聖諭、闡揚教化為首務。初甲申

（光緒十年，一八八三年）間粵人士念各講生有未能闡發詳明者，爰籌集貲費，延聘通儒，恭輯廣疏義十六卷，閱五載而成書，疊經名人鑒定。旋以粵西壤瘠民貧，諸善未舉，隨往桂林設立廣仁西堂，兼施痘種嗣，於庚寅六月復還，創設兩粵廣仁善堂，於粵東省城延講生敬謹宣繹，慮或久而怠厥事也，為之寬籌經費，酌立定章，其疏義全書擬校勘完善，進呈刊行各直省，所以正人心厚風俗，甚盛舉也。」原來《疏義》是請所謂通儒做的，怪不得咬文嚼字。還有一點必須提到的是，在每一條疏義之後也有跋語，如第十二條跋語是名叫董夢虹的人寫的，該人歷署臨高縣教諭，海陽、龍川兩縣訓導，大約是參與鑒定的名人之一，故其跋語不能不對廣仁善堂有所吹噓：「……是聖祖仁皇帝為之開其先，未始不藉廣仁諸公為之宏其化也，茲編梓行不誠足副聖朝使無訟之深意乎！」廣仁善堂將做善事與講聖諭結合起來，看來這在晚清是一種趨勢，本文最後還要列舉宣講《聖諭廣訓》與編寫善書結合的例子，以見講約制度之末路。

《廣訓》的文言詮釋本目前所見僅此一種，未見有其他本子。但另有一種文言闡釋本《（聖諭）芻言》比較特別，附帶在這裡介紹。此書首頁正面為聖諭十六條，反面僅有「芻言」二字，序一又稱其為「宣講芻言」，但內容僅以文言講解聖諭，並非插入因果報應一類故事的宣講書。美國賓夕法尼亞大學梅維恆教授直稱其為《聖諭芻言》，亦無不可。此書雖僅為闡釋《聖諭》而寫，但與前面第四節所介紹的九種詮釋《聖諭》的書不同，那些書都是康熙年間所出，與《廣訓》沒有任何關係。此書卻初刊於光緒十三年頃，在講解十六條時，有時還引用《廣訓》的話，所以是比較特別的一種，介於釋《聖諭》與釋《廣訓》之間。由於釋文使用文言，恐怕只能供士子閱讀，難於作為朔望宣講之用。如第十二條「息誣告以全善良」是這樣開頭的：「恭按此條聖諭，皇上欲我百姓刻刻存乎天理，事事當乎天心。逆天不為，鮮有回頭之噬；順天乃作，應無反坐無虞。不惜苦口苦心之言，善良是護；若作半明半暗之事，造物難容。實事求是，君子無橫禍之遭，誣告不興里閈，少仰天之歎。小人轉為君子，懼官府之難瞞；狀棍化作醇儒，想兒孫之可久。舉世同為善類，無負皇仁；四方共息刁風，保全善類，何其懿哉。」這種話一般百姓如何聽得進去？

有意思的是，此書與《聖諭廣訓疏義》一樣，也刻於廣東，是順德縣簡景熙號桂村樵者所著。據書前刊刻者霍鎮之序云，簡氏曾主萬善堂講席，頗疑萬善堂與上述廣仁善堂大約都是當時風行於廣東的善堂組織（所見此本乃光緒十九年刊於禺山黃從善堂，又是一善堂），故此書宗旨與《聖諭廣訓疏義》並無二致，只是規模小得多了。

另外還有一點必須提及，除了詮釋《聖諭廣訓》的書以外，還有照搬照刻《聖諭廣訓》全文而刊刻者自己不著一言一語者，既無任何解釋說明，甚至亦無序跋闡述刊刻意圖。這種刻本恐怕不在少數，只是留傳下來的也不多。我在羅馬意大利國家圖書館看到兩種，一是「江蘇學政鮑源深敬書恭刊」本，一是嘉慶乙亥年（一八一五年）頒行，五雲樓藏板本。後一種版本似說明在嘉慶間還重新頒行過一次《聖諭廣訓》？

七、《聖諭廣訓》的漢語方言本與民族語言本

漢語方言土語異常複雜，不但南方六大方言之間以及南方方言與官話方言之間無法通話，即使同一大方言中，不同的次方言與土語間往往也難以溝通。所以單純用官話方言來宣講《聖諭》是行不通的，必須使用當地方言才能使老百姓充分理解皇帝的意思，真正達到教化的目的。所以當時並不怕將《聖諭》或《聖諭廣訓》庸俗化，而是要想方設法，用盡量土的話來宣講。在《聖諭廣訓直解》和《聖諭廣訓衍》的許多種翻刻本的序跋中，都提到地方官在初一、十五對老百姓講解《聖諭廣訓》時，用的是「方言俗語」。因為無論《直解》還是《衍》，雖然是白話，但都是官話的白話，不是方言。照那樣的本子宣讀講解是不起作用的。上文提到的王植是北方人，不能用南方話宣講，很羨慕有的官員能熟練運用土語，而他自己

則「以口音不對不能為也」，只能「令講生以土音宣諭」。福建巡撫張伯行也有鑒於此，要求宣講《聖諭》時，先以官話照本宣科，解釋時則用方言。同時嚴格要求宣講時「咋真字眼，高聲從容，莫丟一句，莫混一字」。但因「閩地土音難識」，擔心宣講的人偷工減料，官員又聽不懂，所以又要求「各於講所就近請二三賢紳衿陪坐」，以便察看講者是否懶惰遺漏。可見方言在宣講《聖諭》時的重要作用。

遺憾的是，漢語的許多方言是很難用文字表達出來的，用嘴巴講講容易，寫寫就難了，有音無字不易處理，所以講解《聖諭廣訓》的方言稿本肯定不多，只能是講者臨時發揮。清末基督教傳教士以方言譯寫《聖經》時，雖然創造不少方言字，但到底還是不能徹底解決問題，所以有用羅馬字來表達的方法，只記音，不寫漢字，這樣只要認得拉丁字母，即使文盲也能讀出意思來。但是清代地方官當然不會用那些洋字碼來譯寫《聖諭廣訓》的，倒是有可能聘請方言嫻熟的地方上的知識分子來編寫方言俗語的《聖諭廣訓》講解稿。

例如康熙間福建巡撫張伯行就曾連續發過兩道牌檄，要求各地送來註釋十六條的文字。其第一道是《飭註釋聖諭十六條檄》：「……我皇上宵衣旰食，無時不以化民成俗為念。曩者頒發《聖諭十六條》，蕩平正直之道，實在於此……但恐百姓秉質不齊，知愚各半，若不條分句釋，譯以方言，勢且習見勿知，習聞弗察，抑不援引故事，明言禍福，將有知善弗為，知惡故犯。為此牌仰該府州官吏照牌事理，即轉行各屬縣，將頒奉聖諭會同各學教官，傳請淹博紳衿，援引經傳律例，逐條解釋，更於淺近記載中，摘取一二報應之說附錄於下……自一條以至十六條，如樣註釋，使賢知者見之益知為百善之樂，即愚不肖聞之亦懼為惡之殃。是首先齊禮之大端也。各彙成書，謄錄清真，具文呈送，毋得遲違。」張是河南儀封人，聽不懂福建方言。因此要求屬下以方言註釋《聖諭》，並加上當地現實的事例，顯然是有利於宣講的效果的。但大約當時各府州沒有按時繳來註釋之文，所以張伯行後來又下第二道《飭催註釋聖諭檄》，再加催促。可惜今天我們不但不能看到張伯行所寫之《十六條衍義歌詩》，更不能看到福建當時各府州縣送來的註釋本，否則該是很寶貴的一批語言風俗資料了。

那麼除了官話本以外，還有沒有直接用漢語方言俗語寫下來的講解稿呢？還真有。復旦大學圖書館就有一種用吳語寫成的《聖諭廣訓直解》。復旦所藏這本吳語的《聖諭廣訓直解》就是這樣的書稿。該書係手抄本，因為無序無跋，何時所抄，已無法判明，更不知係何人所譯寫。文字是純粹的吳語白話，明顯地是據《直解》白話原文翻成吳語，不是另起爐灶講解。與官話《直解》本不同的是，文言部分的《廣訓》並不抄附其中，因為那些文縐縐的話老百姓也看不懂，因此而省去一萬字的篇幅。這裡僅抄錄第十二條的頭幾句話，以資與《直解》原文對照：「皇帝個意思話，國家定當個衙門，本來是法辦惡人個，儆戒無良心個人，叫伊拉改過自新，難道叫一等地棍來倒欺瞞咾誣告個等良善人咾去害好人嗎？」這幾句話《直解》的原文上面已見，相比之下，前者吳方言的味道真是濃極了，純粹的土語方言形式當然比較容易為老百姓所接受。

這本吳方言的《聖諭廣訓直解》現在雖已無任何教育意義，但作為方言研究材料卻是極其難得的。語言學界未必知道有此一書，特提出來以供方家利用。

筆者至今尚未發現有《聖諭廣訓直解》的其他方言本，但是卻發現另有一種方言本叫《聖諭廣訓通俗》。這是將《聖諭廣訓》直接用浙江嘉興方言進行講解，但並不像上述那本吳語讀本那樣對《聖諭廣訓直解》做逐句的翻譯，是自成一本著作。還是以第十二條開頭幾句為例，《聖諭廣訓通俗》是這樣說的：「今朝恭讀第十二條《聖諭廣訓》。為何說息誣告以全善良呢？喏，天下頂勿好的事體，第一是誣告。一有是誣告，這種善良的人，就勿能保全了。凡為世界上個壞人，只要自家佔便宜，那怕弄到別人個家破人亡，伊心裡也蠻過意得去的。介拉別人個少些同伊有介點勿合頭，伊就要無中生有，花花頭頭，造出許多犯法的事情來，多方裝點，做成一張狀紙，去告別人家一狀。」這樣的話，對嘉興百姓而言，當然是比官話明白得多的。但這本書也並非無所本，該書的作者嚴大經在跋語中說，他是就《聖諭衍義》一書「用禾中土語（即嘉興方言），委曲推衍成此一編。不尚文言，名曰通俗」。嚴大經所說的《聖諭衍義》很可能就是前面已經闡述過的李來章的作品。嚴氏是浙江富陽縣學訓導，《聖諭廣訓通俗》刊刻於光緒二十三年，正是戊戌維新的前一年。他在跋語中感慨「當此邪説流行，橫議群起，先王之道不絕如縷，若非闡明聖教，化導愚頑，則茅簷蔀屋之中，皆將為異端所惑，不誠大可懼哉」。不過這本書沒有起到他預想的作用，十幾年後，清王朝就壽終正寢了。

清代把滿語作為國語，像《聖諭廣訓》這種重要文獻自然要有滿文版。據中國科學院圖書館整理的《續修四庫全書總目提要（稿本）》所言，在雍正初年就有滿、漢兩種《聖諭廣訓》的本子分別出版，各為一卷。漢文版不避乾隆皇帝弘曆的名諱，滿文版所用辭旨皆是清初舊語，未經乾隆朝纂修增訂《清文鑒》所改者，與後來的滿漢合璧新本不同（日本東城書店一九九八年的售書目錄上就有一種滿文《聖諭廣訓》，但只有上卷）。滿漢兩種文字合刻的本子後來似較單獨的滿文本普遍。同治年間出版的滿漢文對照的《聖諭廣訓》至今可見，比較常見則有光緒十六年京都隆福寺東口內路南聚珍堂的重印本。巴黎的法國國家圖書館也有一種滿漢合璧本，黃緞子封面，很氣派。德國國家圖書館也有兩種普通的合璧本，是琉璃廠聖經堂與博古堂梓行的。

因為滿族與蒙古族有特殊的聯盟關係，所以滿語之外，蒙語也是重要的民族語言。單獨的蒙語本不知是否刻過，但據上述《提要》云，在雍正年間也刻有滿蒙合璧《聖諭廣訓》兩卷，所用滿語亦與乾隆以後的新語不同。又據《雍正朝滿文朱批奏摺全譯》載，鑲白旗蒙古都統臣齊爾薩曾奏請將《聖諭廣訓》「譯成蒙古話兼清文賞給八旗察哈爾地方總管等，不時教習其屬下官兵」。因為原來發給八旗察哈爾的只是以滿漢兩種文字刊刻的本子，而該八旗既不識滿漢文字，也不通滿語，所以提出此要求。由此看來，滿蒙文合刊的《聖諭廣訓》當比滿漢文合刊要晚。筆者曾在南開大學圖書館看到一種《蒙漢合璧聖諭廣訓》，無序跋，書末有「非賣品」及「蒙古文化館印」等字樣，自然是晚到清末的印本。另外還有漢、滿、蒙三種語言對照排列的《三合聖諭廣訓》，不知始刻於何時，刻於同治十三年的一種，四冊共二百四十八頁。大開本，可與《御製翻譯四書》相媲美。此書之刊刻說明清末統治者認為其祖宗的教導是超越時空的，不但從清初至清末依然可用，而且對統治民族與被統治民族也都適宜。滿文本在清朝中期可能還有其實用價值，如和刻本《聖諭廣訓》所附（至遲是乾隆年間所下達）的公文說：「各省將軍提鎮命令管下，府州縣文官依例於每月朔日十五日集合部隊，拜讀《聖諭廣訓》四條，滿兵用滿字本，對於大部落應行巡迴督勵之責。」說明其時滿族軍人還懂滿文。但到晚清同治年間刊刻《三合聖諭廣訓》，恐怕只有象徵意義了。另外，由《清實錄》同治元年三月丁未條，還可見到有一種《三體聖諭廣訓》的書，不知此書是否就是上述的《三合聖諭廣訓》。《實錄》載：「又諭孟保奏：『謹將滿洲蒙古成書，添註漢字刊板進呈』等語，該副都統留心繙譯所刊三體聖諭廣訓，於辦理清字蒙古事件足資裨益，著准其將板片交武英殿以備刷印。孟保交部議敘。」孟保其人據《實錄》云為副都統，但遍查職官表，咸同之際無一副都統取名孟保者，倒是道光間有一駐藏大臣叫做孟保，乃漢軍鑲黃旗出身，不知與此一孟保是一是二。

八、《聖諭廣訓》的西文版與和刻本

中國的傳統學者對《聖諭廣訓》這樣的書，內心是看不起的，認為這是教導愚民遵守道德規範的教科書，並沒有什麼深奧的道理。但此書出於兩個皇帝的手中，也不能輕視，因此只能據之對學生進行照本宣科式的講解，並沒有多少自己意見的發明。只有地方官因為負有教導民眾的責任，不能不對其重視，但這種重視也僅是實用性的，不是學理性的。但對外國學者而言，《聖諭廣訓》卻是一部重要的著作，一方面是可以藉此了解中國民眾的心態，一方面又可作為研究中國話的材料或學習中國話的教本，對於用中國話進行佈道以及用中文撰寫佈道書頗有好處。所以此書很早已為西洋人所知，特別是傳教士早就加以注意，並將其翻譯成西文。據現在所知，自一七七八年至一九二四年，西文譯本的《聖諭廣訓》不下十種。其中最早為乾隆四十三年（一七七八年）俄國人 Leontiev 的俄譯本，遲至一九〇四年則有德國人衛禮賢（Richad Wilhelm）的德文譯本。

現在存世最早的歐洲語言的譯本是由米憐（William Milne）於一八一五年末在馬六甲譯竣的，一八一七年在倫敦出版，題名為"*The Sacred Edict, containing sixteen maxims of the Emperor Kang-He, amplified by his son, the Emperor Yoong-Ching; together with a paraphrase on the whole by a mandarin. Tr. from the Chinese original and illustrated with notes*"（直譯為：《聖諭，包括康熙皇帝的十六條箴言，並由其子雍正皇帝加以詮釋，還附有一位中國官員根據中文原義的意譯和註釋》）。此書現在已不多見，但在日本東洋文庫和德國哥廷根大學圖書館還可以找到。該譯本由序跋二十八頁（序跋有四首，首先是英譯者序，接着是雍正皇帝原序以及江寧布政使先福、廣東巡撫韓崶刊本跋文的英譯），本文由二百九十九頁組成，不附漢字，只有英譯與註釋。米憐在序中自稱，他是由傳教同事羅伯特．馬禮遜（Robert Morrison）教懂該書的，並認為此書是認識中國人的合適材料，所以將其筆譯出來。其翻譯底本即王又樸的《聖諭廣訓衍》，這由其內容可一目了然。

據云，在米憐之前，《聖諭廣訓》有過兩個俄文譯本，一是一七七八年（一說一七八八年）

列昂季耶夫（A.Л.ЛЕОНТЬЕВ，即上文拉丁字母轉寫的Leontiev）所譯，一八一九年再版；另一是一七八八年阿歷克賽．阿加芬諾夫（A.АГАФОНОВ）翻譯的，題名《聖祖聖訓聖德》，一七九四年再版時改名為《國君——臣民之友》。這兩種譯本都在聖彼得堡出版，但均未曾寓目，詳情不明。在俄國人之後，有法國人J.de Grammont於一七九九年將《聖諭廣訓》譯成法文，登在百科全書雜誌上。

另據說，於乾隆末年隨馬嘎爾尼出使中國的英國人喬治．斯當東（Sir George Staunton）也在一八一二年將《聖諭十六條》和《廣訓》的頭九篇翻譯出來，於一八二二年發表，但未見之。一八五九年威妥瑪（Thomas Francis Wade）在其《尋津錄》一書中也對《聖諭廣訓》作了節譯，翻譯時參考了米憐的譯本。還據說米憐之子美魏茶（William Charles Milne）一八七〇年也在上海出版了自己的簡譯本，但亦未曾寓目。至一八七九年，在中國海關工作的外員，法國人比利（A. T. Piry）又以法語全譯此書，並加上註釋在上海出版，法文書名為*La Saint Edit*。這個譯本是十六開的，厚達三百一十二頁的煌煌巨著。左面一頁為原文（只有文言文，無白話），右面一頁是法譯（見書影），每篇有註釋，如實地記載了漢字發音與有關典故。因為這是他在北京同文館教法語用的教材，所以譯文當然是靠得住的。尤其特別的是該書卷末附有三十七頁字彙，不但將《聖諭廣訓》所出現的單個漢字，共一千五百七十六字

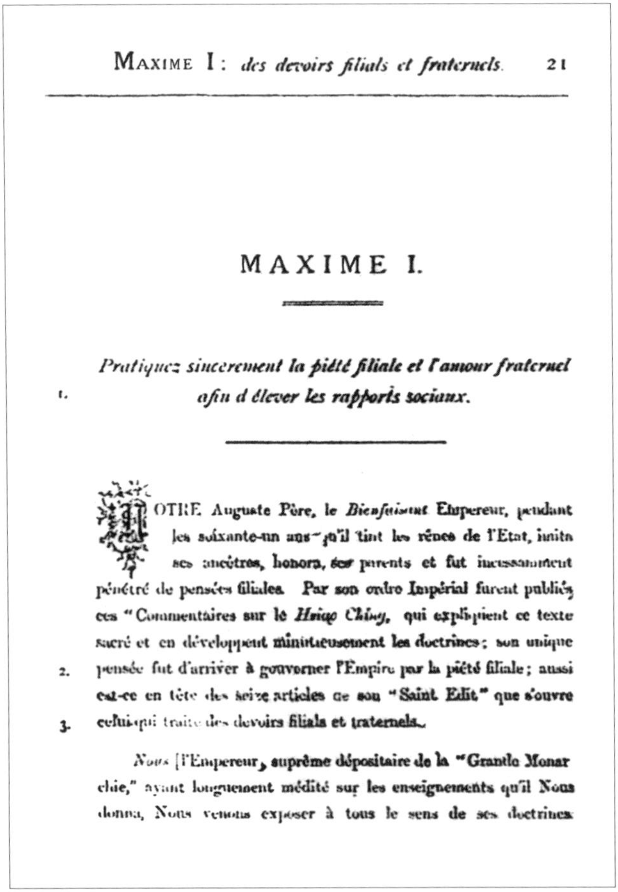

MAXIME I : *des devoirs filials et fraternels.* 21

MAXIME I.

1. *Pratiquez sincèrement la piété filiale et l'amour fraternel afin d'élever les rapports sociaux.*

NOTRE Auguste Père, le *Bienfaisant* Empereur, pendant les soixante-un ans qu'il tint les rênes de l'Etat, imita ses ancêtres, honora ses parents et fut incessamment pénétré de pensées filiales. Par son ordre Impérial furent publiés ces "Commentaires sur le *Hsiao Ching*, qui expliquent ce texte sacré et en développent minutieusement les doctrines; son unique
2. pensée fut d'arriver à gouverner l'Empire par la piété filiale; aussi est-ce en tête des seize articles de son "Saint Edit" que s'ouvre
3. celui qui traite des devoirs filials et fraternels.

Nous [l'Empereur, suprême dépositaire de la "Grande Monarchie," ayant longuement médité sur les enseignements qu'il Nous donna, Nous venons exposer à tous le sens de ses doctrines

La Saint Edit 書影

的意義的出處列出，而且連其使用頻度也一一計算出來。這是最早計算漢字使用頻度的標本之一。

如果說比利的譯本是漢學式的，那麼英國人鮑康寧（F. W.Baller）的譯本就是實用型的了。鮑氏是中國內地會的傳教士，以各種形式的著作來幫助西洋人學習漢語，如編輯漢英辭典與漢語讀本，註釋《好逑傳》等中國文學作品。他翻譯《聖諭廣訓》的詮釋本也是為了同一目的。他以《聖諭廣訓直解》的白話部分為底本進行翻譯，以 "*The Sacred Edict, with the Translation of Colloquial Rendering*"（直譯是：《聖諭，附有白話的翻譯》）為名，於一八九二年由上海美華書館出版。此書為大三十二開，厚二百一十六頁。由於將《直解》的白話、英譯和註釋揭示在同一頁上，上半頁是漢字原文的《直解》白話（無雍正《廣訓》的文言文部分），下半頁是英譯和註釋，故極便於外國人學習中文之用。既有此優點，此書遂多次再版。鮑康寧在序中說，因為《聖諭廣訓》的白話譯本由很多的重要的慣用語和常識性故事編織起來，因此是中國話的一大寶庫，由此書而學中國話，易於達到圓熟的水平。同時此書也是方言研究的材料，可以與其他地方的方言作比較。不過鮑氏到底是基督教傳教士，不滿足於《聖諭》的內容，批評其僅為高等思維（high thinking）和低等生活（low living）的結合，認為其缺少基督教那樣的生命力。此書到一九一七年就出到第四版，可見有相當的需求。

另外，為了初學者的方便，鮑康寧還另編了一本 *Vocabulary of the Sacred Edict*（《聖諭詞彙集》），與上述譯本配套行世。

除上述語種外，一八八〇年與一八八三年間有 Successori Le Monnier 其人在佛羅倫薩翻譯出版了《聖諭廣訓》的意大利文本。一九〇三年，在澳門也出版了一種葡萄牙文的《聖諭廣訓》譯本，取名為 *Amplificacao do Santo Docreto*，是原名的直譯。書的譯者是 Pedro Nolasco da Silva（一八四二—一九一二年）。其實這個譯本本身並不獨立，是一套中文讀本中的一部分。因此譯本的形式與課本相似，每一節先列生字，再將《聖諭廣訓》的本文逐句譯以葡文，再將重要字詞加以註解。全書分十七節，即序言與十六條各一節。每個生字先註以羅馬字拼音，再加釋義，如「鐸 *to*, campainha, matraca」。本文如「視爾編氓誠如赤子」，則譯為：Elle sinceramente considerava os seus subditos como filhos，註解解釋「編氓」的意思說：「編 registato（登記），氓 vassalos, povo（百姓），isto e, o povo recenscado ou registado（也就是在籍人口）。」因為在這句話中，西洋人較難理解的就是這兩個字的意思。其他各節的翻譯大抵如此。

目前所知的《聖諭廣訓》最晚的外語全譯本是德語本，取名為 *Das Heilige Edikt des Kaisers Kang Hi*（《康熙皇帝聖諭》）。此譯本似乎未作為單行本出現，而是分三次連載在

一九〇四年出版的 *Zeitschrift fuer Missionskunde und Religionswissenschaft*（《傳教研究與神學》雜誌）上，此雜誌辦在海德堡，而譯者是當時在青島傳教的德國同善會傳教士衛禮賢。此人極其仰慕中國文化，有多種著述行世。在他之前，有另一位在上海的德國傳教士 Kranz 曾譯了《廣訓》的第一條，也登在同一雜誌一八九五年的第十卷第四期上。所不同的是，後者是以官話詮釋本為底本的，而衛禮賢卻是以《廣訓》的原本翻譯的（只有第十五條是以白話本為底本），為了使德語讀者更好理解原著，衛禮賢在譯文前寫了一段很長的介紹，在譯文中還加了許多註釋，包括介紹中國的人物與故事，並且引用聖賢語錄，法律條文以資說明。譯文明白易讀，而且與他的所有翻譯一樣，用詞高明且與時代脈搏相一致。

除了正式譯本以外，英國駐華公使威妥瑪（Thomas Wade）也在他一八五九年編輯的漢語教材《尋津錄》中對《聖諭廣訓》作了翻譯。另一個英國人翟理斯（H. A. Giles）則在其一九二三年出版的《中國文學精萃》（*Gems of Chinese Literature*）一書中，選登《聖諭廣訓》第七條的英譯。另外在澳門出版的西洋人所辦的英文雜誌《中國文庫》上，也不止一次介紹了《聖諭》與《聖諭廣訓》。早在一八三二年十二月出版的第一卷第八期上，就有對米憐譯本的長篇評論。在一八四七年的第十六卷上，也有對《聖諭廣訓衍》的詳盡介紹。其中詳細說到，康熙的《聖諭》有一百一十二字，而《廣訓》則有一萬零一十字，並說中國人與希伯來人一樣，對於經典著作都要計其字數。同時還指出中國人、希伯來人、希臘人、羅馬人以及大部分古代民族雖然分居世界各地，互不接觸，但卻都有在陰曆月的初一與十五兩天舉行某種宗教禮拜的共同特點。更有意思的是這篇介紹還記載了十九世紀前期，由廣東巡撫韓崶刻於道光十三年的《聖諭廣訓衍》的版式與價錢，這是不可多得的材料。該刻本的原刻至今未見，據載是四冊八開本，連三個序一道共一百三十三頁，在廣州的售價相當於英國貨幣二先令六便士，這個價錢當時在廣州可以買四十磅大米或者一條褲子加上一件上衣。當時還有另一種袖珍本，只有《聖諭廣訓》本文而無白話解釋的《衍》。西洋人的這些記載及各種譯本都說明他們對《聖諭》與《聖諭廣訓》作用的重視。

順便說說，著名的英國漢學家理雅各（James Legge）雖然沒有翻譯《聖諭廣訓》的文本，但他卻於一八七七年九月，在牛津大學分四次，對《聖諭十六條》和《聖諭廣訓》進行了公開解讀演講，足見西方學者對其重視的程度。據說當時中國駐英公使郭嵩燾也應邀旁聽了第四次演講，並就演講中個別內容與理雅各交換過意見。法國漢學家沙畹（Edouard Chavannes）一九〇三年也著文討論過明太祖六言聖諭與康熙十六條聖諭的關係。

中國文化在日本一向有深刻的影響，中國的典籍也一向很快就傳到日本。據云，福井藩明倫館曾以康熙《聖諭十六條》為其鄉約，其他一些鄉學也有引用康熙聖諭和呂氏鄉約作為教化要領的。順治六諭是經由琉球傳到日本的，但《聖諭廣訓》卻是早到一七二六年（雍正四年）就由中國商船直接帶到長崎的。其時正是日本享保維新的時候，所以官方將六諭與《聖諭廣訓》大意都用日語翻譯了過去。數十年後，長崎的商人團體又將《聖諭廣訓》的中文原文於天明八年（一七八八年，乾隆五十三年）重印，連抬頭的格式都不變，當時的著名學者，大阪府懷德書院教授中井積善還為這個和刻本寫了序（陶德明《日本漢學思想史論考》）。由這一翻刻帶頭，《聖諭廣訓國字解》三冊，《聖諭廣訓大意》二冊也隨之刊出。天明八年，《聖諭廣訓》的和刻本在大阪書肆上出售，據云其封裡有「大清康熙皇帝上諭十六條，雍正時推衍其文共一萬言，以綱常名教諭百姓兆民，其意顯明，其語樸實，實萬世不易之金言」這樣的話。這一刻本最近在日本東京東城書店的目錄上還可看到，可見當時流行之廣，歷二百餘年尚有孑遺存世。

九、詮譯《聖諭》與律法及善書的合流

自康熙《聖諭》與雍正《聖諭廣訓》發佈以來，詮釋之書競出，其中多數是緊扣條文敷

衍闡釋，輔以一些通俗的故事，以茲說明。但同時又出現兩種傾向，一方面是與法律書相結合，另一方面是以善書的面目出現。前一種的目的很明顯，是在正面教育的同時，加以警告性的告示，以使百姓明白不遵守聖諭就要吃苦頭的道理。後一種則是將聖諭庸俗化，以使庶民心理上存在壓力，即使違背某些聖諭並不觸犯刑律，但卻可能受因果報應之累。

與法律書同在的詮釋作品如前所述，早在康熙年間已經出現，前述陳秉直的《上諭合律直解》就是其濫觴，其後在乾隆十年四月，則有《聖諭廣訓附律例成案》一書出現。該書為鎮江府儒學教授趙秉義所編纂，是在每一條《廣訓》之後附以有關的律例。清代從順治二年起開始修律，直到百年以後的乾隆五年才完成《大清律例》的編纂。此後律文不再更動，而例則隨時根據需要修訂增補。陳秉直的《上諭合律直解》的讀律部分，並不包含條例，只提律文。趙秉義此書作於《大清律例》編定之後，所以所附律例成案十分規範，由三部分組成，除律文以外，又有條例，再加上更實際的成案。而條例又有原例、增例與欽定例之分。就如「息誣告以全善良」一條，先附：「〔律〕凡軍民詞訟皆須自下而上陳告，若越本管官司赴上司稱訴者即實亦笞五十。」這是說明即使不誣告也不能越級上告，否則格打勿論。接着又附：「〔條例〕一凡生員越關赴京在各衙門謊捏控告或跪牌，並奏瀆者，將所奏告事件不准，仍革去生員，違制律杖一百。」這一條是專門對秀才誣告的處分的。然後又附：「〔欽定例〕一文武生員除事關切己，及未分家之父兄，許其出名告理外，如代人具控作證者，令地方官申詳學臣，褫革之後，始行審理曲直。」這一條更不准文武秀才替人告狀作證，否則先把秀才頭巾摘掉再說道理。這一部分只是說不准隨便告狀，下一部分則是如果誣告了以後，法律如何對付。趙氏先列出六條律文，說明治罪之規定，繼而又列三條例文，具體舉出雍正乾隆間與誣告相關的其他罪行如何治罪之例。最後則殿以一個雍正十年的實際案例，即某革職的筆帖式毛浚因違禁揭貼，造言生事，而被判斬監候之成案。因而此書對於研究違反《聖諭廣訓》的案例很有參考價值。據此書後面的跋文說，該書是因上級官員，江蘇常鎮揚通道要求宣講時須附帶講有關律例，所以才做了這本書以備宣講用的，看來將律法與《聖諭廣訓》的詮釋相結合已是當時的趨勢。

但此後這種附有律例的《聖諭》或《聖諭廣訓》的書，今天卻見不到，直到百餘年後的同光之際才又再現。如《聖諭十六條附律易解》一卷，是安徽婺源縣教諭，前武英殿遼金元三史分校官（後為潁州府教授）夏炘所繹，這本書就是將道德說教與普及法律的作用結合起來的流行著作，可以看做是陳氏《直解》的餘緒。此書先由夏氏向皇帝進呈，同治七年（一八六七年）十一月二十三日由皇帝下令著武英殿刊刻頒行，理由是該書「尚得周官與民讀法遺意，用於講約，甚有裨益」。其後此書多次被翻刻，北京大學就藏有同治九年江蘇書局本。該書將十六條先用俗語解說後再附載簡明律例，以便識字者傳看，並講給文盲知道。書前有一段話說：「恭按這十六條乃康熙九年我聖祖仁皇帝頒發下來的。我大清順治元年世祖章皇帝撫有中夏，曾於順治九年欽頒六諭……聖祖仁皇帝衍之為十六條，及雍正二年世宗憲皇帝又頒發《聖諭廣訓》萬言，所以教訓爾軍民委曲詳盡無微不至，伏思世祖之六諭之旨盡在聖祖十六條之中，而世宗廣訓萬言即所以發明十六條之理，故今每月既為爾等恭講《聖諭廣訓》，又恐爾民愚魯者多不諳文理，不通官話，是以先就十六條用俗語解說，後附載簡明律例，使爾軍民中識字之人傳看誦習，並講與不識字人知道……」

所謂俗話就是白話，該書對《聖諭》第十二條俗話解為：「恭按這十二條聖諭為保全善良起見，何謂善良，善是極和善的人，良是極循良的人，此等人最怕多事最受人欺，人見其忠厚無能或家道溫飽，偶然有些子小事，便裝點極大事來往衙門誣蔑告，訟師差役因緣為奸，善良無門告訴因而破家喪命者有之……」在各條白話講解的末尾附加有《大清律例》各十條，告訴讀者，違反此條該當何罪，應受何種懲治。光緒二年秋，雲南道監察御史吳鴻恩又將此書加以重刊。由吳鴻恩的跋文，知道他是以夏炘的進呈本作為底本的。

與夏炘此書類似的還有《聖諭便解附律》，是光緒二十五年（一八九九年）安徽蒙城縣李應珏所刻。該書先用文言解說，再附有關律令，如第十二條先講：「恭按：誣告之風由於奸胥蠹役勾串劣衿訟棍，覬覦善良之人，希圖訛詐，善良之民怕受訟累，每計其赴訴之費給之，於是此風愈熾，息之之權全在地方官，倘不時接見紳士，以廣其耳目，則情偽易口分，無論狀期攔輿紅白稟無不取閱，則訴者破費自少，呈詞支離者立時擲還，小事當堂令賫投紳董調處，則兩造怨仇可解……」而後有「大清律附：凡誣告人笞罪者，加所誣罪二等，誣人流徙等罪者加所誣罪三等……」云云。

還有一種更簡單的《聖諭》與法律結合的書是：《聖諭廣訓（附大清刑律圖）》。此書特別處僅在於書後附有刑律圖七幅，即凌遲、斬決、梟示、斬立決、絞、軍流徒及杖笞七種刑罰，並未附載法律條文。圖像殘酷，凌遲一幅繪劊子手正在剜犯人的眼睛。這些圖大約是為了讓讀者一目了然，不敢犯禁。書後寫明是長沙陳海雲繪圖，版存長沙南陽街陳聚德堂刻字店，但不知是何年所刊。

詮釋《聖諭》和《聖諭廣訓》的書籍一開始就有勸善懲惡的內容，而且至遲到乾隆年間，有人就把《聖諭》與善書置於一道。如乾隆五十四年，劉山英編《信心應驗錄》，收善書一百五十種，其中聖諭居首，次及太上感應篇、清靜經，又次為文昌帝君、關帝諸訓，此外諸聖真以及理學名賢訓言，則隨文敘列。及於晚清，則《聖諭》及《廣訓》的詮釋書已經嚴重變味，衍為善書一類的作品。不過這種演變事實上也是由《聖諭廣訓》的內在理路所決定的。雍正在〈聖諭廣訓序〉結尾處說到「積善之家必有餘慶」，這樣的觀點與善書的思路是相接近的。如果扯遠了說，連清代奉為正統學問的理學都和勸善有牽連，《廣訓》對《聖諭》的解釋大致是依理學的路子走的，自然要與勸善說教的書合為一流。這類合流的書所見最早為《聖諭靈徵》，有八卷之多，為咸豐丙辰年翻刻。內封有墨字加印云：「此書由黔省帶來，經前署寶應縣周捐廉合紳士等募刻。」該書前有兩序，新序偽託文昌梓潼帝君作於道光二十九年，原序則偽託關聖帝君在嘉慶十年撰。全書之後有嘉慶五年護理貴州巡撫布政使常明所寫的跋。

此書由幾部分組成。正文由「聖諭＋廣訓＋廣訓衍＋果報」組成。如第十二條違諭惡報共三案。果報三案前有說詞如下：「我們康熙皇上作息誣告以安良善這一條聖諭，原是教我們普天下的人要各存天良各守本分，忍人之所不能忍，容人之所不能容，不要自暴自棄，好打官司。如有極大重事，冤曲莫伸，無可奈何，才去告官，以求伸理。又必真則說真，實則說實，切不可因己之嫌疑而捏詞誣告，又不可圖索人之謝金，而代為捏詞誣告，更不可貪取其中之財利而教人捏詞誣告。雍正皇上恐怕我們兵民人等不知這個道理，待作訓一篇，把這道理詳詳細細申明出來，心良苦矣。後又附載律例，風唆訟誣告以及匿名告人，一切情弊皆有嚴訓處治，也是普天下的人個個要息誣告的意思。無如有等頑梗不化之徒全不體貼皇上之意，專於顛倒是非，誣告善良，有些把沒有的事裝做有的，有些借一件小事，就生出絕大風波，有些移禍於人，以脱己罪，有些教唆詞語，於中取利，有些為人定計，貪圖重謝，有些揑造謠言，混亂官聽。這一等人只想你能講會說，善哄官長，不得犯出，因才大了膽子擅敢誣告善良，不知能逃王法，難逃陰律。聖諭六言解正說得明明白白，你若道自己乖巧，能欺官能騙人，鬼神暗中隨時着你走，絲毫隱不得。此本真真實實的事，你們不信，聽說幾個果報……」

嘉慶年間，所謂康乾盛世已經一去不復返。社會動亂不斷出現，單靠宣講《聖諭廣訓》已經無法維持社會治安，不能不乞靈於因果報應，這恐怕就是《聖諭廣訓》與善書相結合的原因。但從常明所寫的跋當中，只看出他是重刊王又樸的《廣訓衍》，並沒有提到果報內容。到嘉慶十年時有江靈中其人加上果報內容，並偽託文昌帝君序，到道光末年，又補上關帝偽序，遂成現今模樣。

此書流行數十年後，又出現了風行海內的《宣講集要》這樣的書。該書為王文選所編，（據云為咸豐年間福建吳玉田所刻，待查）至遲在同治十一年以前就已行世。所見有光緒丙午（一九〇六年）吳氏經元堂的重刻本，其前有晚清積極主張改革的名臣郭嵩燾的序：「《聖諭十六條》無非為《廣訓》化民之道，自童試以及鄉會均恭默為喻，而庸夫俗子既不能捧讀皇章，復不得恭聆聖訓，於是上諭頒行各省，以宣講聖諭為要，示諭各地方大小官員及鄉里紳耆概行遵講，自順治康熙以迄於今，疊奏疊頒，諫為剴切，而比鄰州黨仍然不能遍行者，皆以愚民不知奧理，訓俗型方，無善本故也。今見是書於十六條中加以細註，徵引古今事跡均以實證，所採各種歌調，雖未盡善盡美，亦恬雅俗參半，差可為宣講推廣之意，願各處儒士紳耆，體列聖教，厚意實心力行，以此書為珍寶，則幸甚。」

該書第一至第七卷為《聖諭廣訓》第一條之解，這種偏重第一條的情況，歷來大體相同。第八至第十三卷為其餘十五條的詮釋（其中第十三卷一卷就釋了五條）。詮釋內容是故事唱詞俗講，無所不備。第十四卷專講報應。最後一卷即第十五卷，則載錄文昌帝君勸孝文、關夫子諭、警世歌、安家箴等。詮釋之語也是大白話，如第十二條頭幾句釋為：「萬歲爺意思說，國家設下一個衙門，原是處治那沒良心的，儆戒那行惡的人教他改過自新，豈是因這些訟棍去害好人不成嗎？就是告狀定要有大冤枉，情理心忍不過去，不得已方告到官府面前求辨一個明白，所以你看訟這邊一個言字，那邊一個公道的公字，又看訴呈的訴字，這邊一個言字，那邊一個直斥其非的斥字，總是教人不要誣告的道理。」這種書，從郭嵩燾這樣的人看來，自然是俚俗不堪，但既是為了讓百姓安分守法，也當然要予以支持。郭序中所謂「實證」，就是一個個因果報應之類的故事。此書初刻本未見到，但由日本早稻田大學《風陵文庫目錄》知道，此書在宣統元年又曾重刊，民國三年還以石印本面貌出現過，大概也是廣為流行的書。

在此書之後，同治十一年間（一八七一年）某莊姓號跛仙者又繼之為《宣講拾遺》。莊序謂：「近世所宣講者有《集要》一書，就十六條之題目，各舉案證以實之善足勸而惡足懲，行之數年人心大有轉移之機，考其書乃潛江王文選先生所採集也，余心焉慕之，茲又於古今所傳有關教化之事擇取若干條仿《集要》之體，而暢達其義旨，顏之曰《拾遺》。亦恐鄉黨鄰里間有厭《集要》之故者，為之一新其聽聞焉，鄙意之所存僅此，夫何敢同《集要》之書遍傳宇內哉。」此書看來有點生意眼，抓住民眾喜新厭舊的心理，增添新故事，製造新賣點，因此也曾風行一時，所見為光緒癸巳年（一八九三年）掃葉山房板，去初刊已二十來年，其間不知印了多少版次。而且直至民國二年，還有人加以五彩重印（內有插圖，但五彩畫實只封內一幅而已）。《宣講拾遺》分六卷，以順治六訓為基礎，結合康熙《聖諭十六條》，用實際例子講演，有如基督教之見證會，亦有如文化大革命中的活學活用。此書卷首與《宣講集要》一樣，還列有宣講聖諭規則：鳴金擊鼓排班叩首之後，由讀論生讀六訓、十六條，又結合讀文昌帝君蕉窗十則、武聖帝君十二戒、孚佑帝君家規十則……灶王府君新諭十條，至宣講壇規十條等等。這樣的宣講已是將皇帝的教導和迷信糅合在一道了，而且將最高指示的聖諭庸俗化為善書的説教了。所以上述掃葉山房將《宣講拾遺》作為善書來刊印，書前扉頁還寫明：「樂善印送，不取板資」以及「如承樂善君子印送，只給紙料工資可也」的字樣。詮釋《聖諭》與《廣訓》的讀本至此已是窮途末路了。儘管如此，民國三年還出過一種石印本的《改良圖解宣講拾遺》，甚至遲至民國二十三年，當時的北平（今北京）大成印書局還排印過《宣講選錄》十二卷，都是這位跛仙的作品。

光緒四年，又有《聖諭廣訓集證》這樣的書出現。集證者，集因果報應之事以證聖諭之必須遵守也。其實該書並無「廣訓」內容，只就十六條聖諭進行集證。各條一般是先用淺近明白的話解釋《聖諭》內容再舉證果報之例。也有先講故事，再參解《聖諭》條文的。其第十二條的釋語為：「凡人爭訟多起於一時氣忿，解之則大事化小，小事化無，消禍於未成，兩家均受其福。所以遇爭訟之事若有人從旁解勸，委曲調停，則氣亦漸平。無如刁唆之輩或極力激成或暗中挑唆或代寫呈詞或包攬衙門。其故有二，一則平時與其人有忿，藉以報仇，一則平時遇事興波，從中取利。其居心之險惡已不可問，況以無為有，以曲為直，捏詞誣告，硬作干證，此種行為訟師，陽誅陰譴都不能逃。今以誣告故事説與大家聽聽……」下文即講四個故事，兩惡兩善，各有講詞。全書最後説：「十六條已講完，依此而為人，就是好人。古云願天常生好人，願人常行好事。稱人曰好人，是人人歡喜，但必行得好事，方得為好人。

務望聽講各位刻刻留意行好事，自然就是個個好人了，不勝企翹。」顯然，這也是一種宣講的本子。至光緒二十七年，儀徵吳引孫刊《有福讀書堂叢刻》前後編，是善書格言一類書的集合。其中前編第一種就是這本《聖諭廣訓集證》。

與《宣講拾遺》同調的書後來又有《宣講博聞錄》出現，內容大同小異。該書由調元善社刊於光緒十四年（一八八七年），序曰：「《聖諭十六條》括典謨訓誥之全，理義燦陳而情文無不曲盡，家諭而戶曉之，誠化民成俗之極軌矣，然盡其鼓舞之神，必兼微求乎往事，自來宣講勸化所以首將聖諭開其端，而繼及於因果報應之事也。夫世情好尚大都厭故喜新，坊刻諸篇每以習見習聞而忽略，本集所輯非敢騖為新奇，第博採往事之傳聞於理有不刊登情無不盡者引申其說，加以斷論，一以勸善，一以懲惡，於化民成俗，未嘗無小補無能云。」很明顯，也是要以新取勝。此外，又有《（聖諭六訓）宣講醒世編》，所見為宣統元年春石印版。其初版至遲在一九〇八年以前已行世，營口成文堂藏板。書前有光緒戊申（一九〇八年）楊占春序：「是書原刻板存奉天省錦州城西虹螺縣鎮堅善講堂，乃該堂主管楊子僑先生編集。先生術精歧黃，嘗以濟人利物為念，因思行醫僅濟一方，莫若善書兼濟天下，故手著是編，亦云盡善盡美矣。」

由上述各種引書可見，與善書結合在一起的《聖諭》與《聖諭廣訓》之類的書，在晚清大行其道，成為當時的流行書，也是《聖諭》與《聖諭廣訓》詮釋作品走上末路的表徵。善書入民國後還很盛行，所以《宣講集要》與《宣講拾遺》還以其他形式流行下去。如民國六年出版有一種兩卷本的《宣講維新》，故事仍不脫因果類型，但形式比較特別，其中的「宣」是俗曲的筆調，而「講」則是文言的講詞。又如一九二四年還曾重印《宣講選錄》，上下兩集十二卷，幾全為報應之故事，毫無價值。由上引的《風陵文庫目錄》還了解到宣講一類的書遠遠不止這些，至少還有如下一些品種：《宣講引證》、《宣講珠璣》、《宣講福報》、《宣講彙編》、《宣講摘要》、《宣講管窺》、《新編宣講大全》、《武康宣講稿》，真是洋洋大觀。值得一提的是，《宣講引證》是光緒元年閩省宣講總局刻版的，而《武康宣講稿》是民國三年浙江省武康縣宣講所排印的。使我們既可知道清末民初大到一省有宣講總局，而小到一縣有宣講所，善書與宣講活動的無孔不入由此可見一斑了。另外，從書目上還看到德國慕尼黑圖書館藏有《聖諭十六條宣講集粹》，乃云泉仙館調元善社編，光緒十四年合成齋印，無由得見其內容，甚憾。

附帶説説，由於宣講聖諭已經與説善書合為一體，而寶卷中宣教勸化類佔很大分量，其性質也與善書一樣，所以寶卷與聖諭也有連在一起的例子。道光二十九年（一八四九年）江西人陳眾喜著《眾喜粗言寶卷》，卷首錄聖諭十六條，貫穿以儒為主，釋道為輔的三教合一思想，提出十善說：「一孝爹娘、二敬尊長、三和鄉鄰、四睦夫婦……」與《聖諭廣訓》沒有性質的差別。

十、《聖諭》與《聖諭廣訓》的普遍性及其末路

《聖諭》與《聖諭廣訓》成為朝廷正式的道德教材後，便無處不在。因為考試需要，所以就有《聖諭廣訓附空策駢驪》這樣的書上市。一直到清末實行新政，在教育方面依然堅持宣講《聖諭廣訓》。《欽定學堂章程》第七章第一節就規定，「每月朔由總教習傳集學生在禮堂敬謹宣讀《聖諭廣訓》」。雖然比過去的朔望宣講少了一次，但還是保留了月月讀的傳統。《學務綱要》要求各學堂皆學官音，而練習官話則都要「應用《聖諭廣訓直解》一書為準」。至於各種各樣的《聖諭廣訓》讀本，更是層出不窮，有些甚至是擺噱頭。如光緒三年刊印的一種讀本，就很特別，每條由著名大臣書寫，再付剞劂。封面題簽「聖諭廣訓讀本」是吳鴻恩謹署，內封「光緒三年重鐫」是李鴻藻敬書（背面有「丁丑春五月松竹齋藏板」字樣），〈聖諭廣訓序〉是沈桂芬恭錄；其後即每人書寫一條，十六條分別為：崇綺、翁同龢、夏同善、孫

詒經、朱以增、譚宗浚、劉瑞祺、孫家鼐、黃自元、梁耀樞、譚承祖、許有麟、陸潤庠、曹鴻勳、王賡榮、馮文蔚。都是當朝一二品大員。書後有吳鴻恩所繕跋文：「謹案雍正二年頒發《聖諭廣訓》，通飭直省督撫學臣轉行地方文武各官暨教職衙門，曉諭軍民生童人等通行講讀，生童應試復有恭默《聖諭廣訓》一條，列聖御極之初，屢降諭旨，剴切勸誡不得視為具文，所以維世道人心者，至深且遠。我皇上纘緒大統，振興文教，命中外實力奉行，鴻恩巡視中城時，具疏申明舊章，刊刻衍說附律，因念士為四民之首，端士習即以正民風，謹將舊存《聖諭廣訓》讀本分請同館前後輩繕寫成編，用資誦讀焉。」這種噱頭還不止這一批人做過，傅增湘、張謇、徐世昌等十九人也曾分頭繕寫《聖諭附律易解》，刊刻行世。這大約也是一時之風氣。

清末，新式報刊大量湧現，不少報刊最前面都是先刊登當時的上諭。有的在其前面還刊載《聖諭廣訓》。如《新學報》每期都刊登一條《廣訓》。最突出的是袁世凱任直隸總督時創辦的《北洋官報》。該報是隔日刊，封面起初專門用來刊登《聖諭廣訓直解》，後來分為兩欄，上廣訓下目錄（見書影）。由於直解文字較長，所以一條要分好幾期才能登完。

除了日常教育外，在許多場合都可以看到《聖諭廣訓》的影子。不但如上所述在城鄉都要聚眾宣講，即在家族祠堂祭祖時也要宣讀，而且在許多家譜裡都把《聖諭十六條》放在鄉

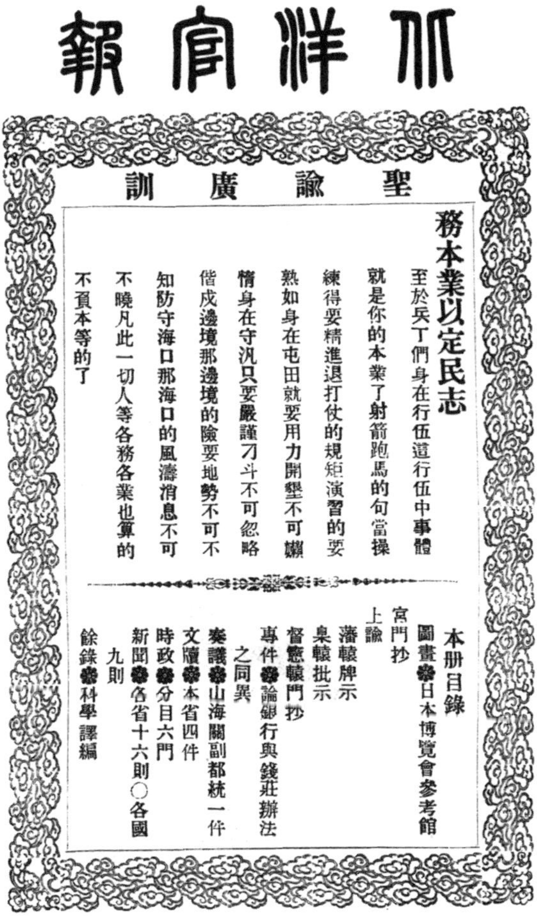

北洋官報

聖諭廣訓

務本業以定民志

至於兵丁們身在行伍這行伍中事體就是你的本業了射箭跑馬的句當操練得要精進退打仗的規矩演習的要熟如身在屯田就要用力開墾不可嬾惰身在守汎只要嚴謹刁斗不可忽略借成邊境那邊境的險要地勢不可不知防守海口那海口的風濤消息不可不曉凡此一切人等各務各業也算的不負本等的了

本冊目錄

圖畫❀日本博覽會參考館

宮門抄

上諭

藩轅牌示

臬轅批示

督憲轅門抄

專件❀論銀行與錢莊辦法之同異

奏議❀山海關副都統一件

文牘❀本省四件

時政❀分目六門

新聞❀各省十六則○各國九則

餘錄❀科學譯編

《北洋官報》書影

規族約家訓之前。此外更有許多宗祠家譜的堂號是以十六條的文字命名的。清代以前，宗祠家譜堂號多以郡望或先祖字號取名，或從先祖的著述、堂名、書齋名移植而來，也有用表示倫理關係的孝、友、忠、恕等字樣。《聖諭》頒佈以後，無疑為堂號取字打開一個新源頭，因此在康熙以後，敦本堂、敦倫堂、敦孝堂、培本堂、植本堂、淳本堂之類遍地皆是。由於《聖諭》只有數十字，而有的字並不適合命名堂號，只有一二條最為合適，因此造成大量堂號重複雷同。有人對大量家譜作過目驗，光以「敦」字開頭的堂號就有二十種之多，以「本」字組合的堂號則多達四十種。堂號少而姓氏多，因此同一個堂號就有許多姓同時採用，如敦本堂就有六十餘個姓氏使用過，約佔調查過的家譜姓氏的五分之一。

家譜與封建道德倫理教育有密切關係，自然要奉《聖諭》於至上地位，但在許多不相干的著作中也同樣存在《聖諭》的影響。這裡舉數例予以說明。

清末改良維新思潮興起，有許多熱心的學者產生改革漢字的念頭，並設計了多種漢語拼音方案，甚至還有模仿西方速記法的《傳音快字》這樣的書出現。這部書是福建人蔡錫勇於一八九六年所著，蔡氏設計了一些符號分別表示聲母與韻母，以聲韻相切的方法來快速記字。該書舉例説明快字的作用，正是利用《聖諭廣訓講解》的第一條「敦孝弟以重人倫」講解全文。連《傳音快字》這樣的專門著作，也把《聖諭廣訓講解》作為闡釋速寫的實例，可見講解《聖諭廣訓》這類書自康雍時期以來流行的普遍程度了。而且正因為《傳音快字》等書的目的是要盡量擴大傳播面，以便更多的人接受，所以要選擇最為人們所熟悉的字句來推廣速寫法，而在當時，最為大眾（包括識字與否）所熟悉的套話老話，顯然就是講解《聖諭廣訓》內容的話，所以蔡錫勇採用了與《聖諭廣訓衍》實同名異的《聖諭廣訓講解》作為範例。

蔡書所引的《聖諭廣訓講解》第一條的內容，基本上是照抄《聖諭廣訓衍》的，只有一處略有不同，比之稍為改動並多加了幾句話。在《聖諭廣訓衍》第一條中，有如下一段話：「這個孝順的道理，自有天地以來，就該有的。上自天子，下至庶人，都離不了這個道理。只因天地間的人，沒有一個不是父母生養的，就沒有一個不該孝順的。如今且莫說你們怎麼孝順父母，只把父母疼愛你們的心腸説一説便省悟了。試想你們在懷抱的時候……」蔡書中的《聖諭廣訓講解》這段話變成這樣：「這個孝順的道理，大得緊，上而天，下而地，中間的人，沒有一個離了這個理的。怎麼説呢？只因孝順是一團的和氣。你看天地若是不和，如何生養得許多人物出來呢？人若是不孝順，就失了天地的和氣了。如何還成個人呢？如今且把父母疼愛你們的心腸説一説，你們在懷抱的時候……」可見這裡的所謂《聖諭廣訓講解》與《聖諭廣訓衍》並無實質區別，上面那段話的改變也許另有原因。除了蔡氏的《傳音快字》外，王炳耀的《拼音字譜》中也有十六條聖諭的拼音示範。由此也可見《聖諭廣訓衍》在清代的流行程度。

《聖諭廣訓》甚至在遊戲文章一類書裡也有其蹤跡。如嘉慶年間曾有《繪圖解人頤》一書行世。該書原本未見，但曾見民國三年出版的增訂本，知原本之序為嘉慶十七年朱履中寫於福建平南官舍。民國本在該序之後列「改良繪圖解人頤廣集目錄」，署雲溪胡澹庵定本，吳門錢慎齋增訂，正文分上下兩卷，裒遊戲文章於一集。卷上第一集為懿行集，頭一節竟是《聖諭廣訓》第一條，且「聖諭」兩字抬頭，顯見仿嘉慶初刻。由於《聖諭》與《聖諭廣訓》的無所不在，因此還有種種副產品，如甚至還有《聖諭十六條印譜》這樣的書存在，這是光緒十九年時前直隸津海關道孫士達命其子思敬，將每條聖諭篆刻成章而編成的印譜。

《聖諭廣訓》因為是皇帝的金口玉言，人人必須遵守。於是有時就被作為對敵鬥爭的武器使用。據說道光十九年，林則徐到廣東禁煙時，就「曾奉御旨出告示曉諭廣東讀書人可將《聖諭分解》一書宣明逐邪教一層俾得人趨大道，正教日崇（《鏡海叢報》，一八九五年十月二十三日〈譯報附言〉）」。《聖諭》的第七條是「黜異端以崇正學」，《聖諭廣訓》將「異端」釋為基督教及其他邪教。尤其對於基督教有這樣的說明：「西洋教崇天主，亦屬不經，因其人通曉歷數，故國家用之，爾等不可不知也。」其實康熙頒佈十六條時，天主教士在中國還受到相當程度的禮遇，基督教並未被定性為邪教，但康熙末年禮儀之爭出現，基督教被禁，因此在雍正的《廣訓》中，基督教自然算是邪教之一種。林則徐顯然是利用《聖諭廣訓》的第七條，來發出告示的。上述引文中所說的《聖諭分解》未見，不知是詮釋《聖諭》還是《聖諭廣訓》的本子。一八九四年時廣東學政曾向新秀才頒發此書的新刊本，被一位德國傳教士發現，遂由德國領事致信兩廣總督，指出該書妨礙傳教。於是粵督不得不移文表示今後不准再派是書，並囑已得該書的生員說明所謂邪教並非指西教。當時中國國勢已弱，基督教的傳教已經合法，故不得不忍氣吞聲至此。本來如《聖諭分解》這樣的書早已不見，適當時四川教案發生，又將舊本重印散發，所以出現這樣的事。清末的反教宣傳品遠不止上述例子，還有如《謹遵聖喻辟邪全圖》這樣的東西，是湖南一個官員周漢出版的，由三十二幅圖組成的圖集，完全是對基督教進行攻擊的內容，內容本身與康熙《聖諭》沒有什麼關係，但圖集取名卻由之而來，恐怕也是以上述第七條為據的。

《聖諭廣訓》的影響甚至及於在華的外國人的社區，真是出人意料之外。例如在英國租借地的威海衛，其英國首席長官就經常擷取《聖諭廣訓直解》的話來審理民事與刑事案子。儘管當地的基督教傳教士向他指出，應該利用《聖經》來判案，因為《聖經》是更合適的依據。但該官員依然我行我素，絲毫不為所動。

宣講聖諭不但是在國內進行，在國外的華僑也有仿行者。余思詒在其《航海瑣記》中說他在光緒八年曾「陳請於華民聚集地方宣講聖諭」，而待光緒十二年他到新加坡時卻發現，該處的福建華僑其實早在光緒六年間就由廈門人陳金鐘首創宣講了，而且受到清朝駐新加坡領事左秉隆的大力支持。

不過宣講《聖諭廣訓》雖然是官員應有的職責，但至遲從嘉慶時期起，就漸成具文了。嘉慶五年五月有內閣給事中甘立猷奏請於京師地方照例宣講《聖諭廣訓》，可見其時連首善之區宣講一事也鬆弛，其他地方可想而知。何況在前一年嘉慶還曾下旨令各省有司每逢朔望謹將《聖諭廣訓》剴切宣示，俾小民知所領悟。而過了一年還有甘某此奏，足見《聖諭廣訓》在官員中的實際地位了。其實再好的話，天天講日日讀，隨便什麼人也都會生厭的。成為具文的情況真正追究起來要早到雍正時，而不是嘉慶才出現的現象，而且對十六條本身就已經厭倦，並非只對《廣訓》生厭。雍正《六安州志》卷十〈風俗〉說：「《聖諭十六條》向雖遵奉宣講，然作輟無常，亦竟視為具文矣。」而且即使官員克盡厥職，朔望宣講不誤，但吏治敗壞不堪，這樣的宣講又能起到什麼樣的作用呢？曾國藩在同治八年十一月十六日給倭仁的一封信中就表現了這樣的憂思：「至宣講《聖諭》，本地方官應行之舊章。然使官吏奉職無狀，民之困愈深，雖日事宣講，百姓方惡其政，誰復肯聽其言？」所以地方官為了完成宣講任務，吸引老百姓聽講不得不花心思，如將善惡果報故事繪成彩色圖畫以吸引聽眾，甚至備坐凳茶水以廣招徠。《得一錄》裡就收載了〈宣講鄉約聚人之法〉、〈鄉約會講變通法〉這樣的文字。西洋人也注意到了這個現象，曾任京師大學堂總教習的美國傳教士丁韙良（W.A.P. Martin）在其 *A Cycle of Cathay*（《花甲憶記》）一書的第三版（紐約，一九〇〇年）說：「本來每半個月要宣講一次《廣訓》，現在這種儀式已經將近消失，很少宣講了，因而不再受到人們注意。」

儘管如此，但宣講聖諭的活動在清末民初似乎一刻也沒有停止過，尤其在兩湖與四川，這種活動更見其盛，但是已經變味為一種娛樂活動了。郭沫若在《少年時代》中就回憶道：「我們鄉下每每有講《聖諭》的先生來講些忠孝節義的善書……講《聖諭》的先生到了宣講的時候了，朝衣朝冠的向着聖諭牌磕四個響頭，再立着拖長聲音唸出十條（按：似應是十六條）聖諭，然後再登上座位說起書來……這種很單純的說書在鄉下人是很喜歡聽的一種娛樂。」據說，直到解放前，在四川請一台講唱聖諭的與跟請一班唱戲的一樣，都是還願酬神的常見手段。聽宣講的則多是婦孺童叟與聽戲多是青壯年不一樣。

十一、清代宣講《聖諭》制度溯源

清一代講解《聖諭》制度的形成以及演變已如上所述。但一切制度都有其淵源，並非突然出現，如果追源溯本，我們會發現清代定期宣講《聖諭》的制度是從明代繼承來的，而且是兩個源頭的結合。一個源頭是始於宋朝而由明朝繼承的鄉約制度，另一個源頭則是明太祖朱元璋的六言聖諭。當然還可往前追溯，但直接的源頭是這兩個。

鄉約制度的創立最早可以推到宋代藍田呂氏，這一制度的實質是由公推的約正約副等人，定期（叫約期）向鄉民講解勸善懲惡的道理。對於鄉約制度的形成，許多學者已有專文討論，此處不贅。清代宣講《聖諭》的制度在形式上和定期性這兩方面直接取之於明代的鄉約制度。從明人文集中可以明顯看出，鄉約制度在明代的實行相當普遍。不少著名學者都寫過與鄉約有關的文字，許多官員則把實行鄉約制度看成是治理百姓的有效措施。明代鄉約所講內容當然以朱元璋六言聖諭為首，這六言是：「孝順父母，尊敬長上，和睦鄉里，教訓子孫，各安生理，毋作非為。」（見張鹵《皇明制書》卷九〈教民榜文〉）康熙皇帝是很推崇明太祖的，他在明孝陵前立了「治隆唐宋」的碑，說明他對朱元璋的崇敬，所以《聖諭十六條》不能不說是受朱元璋的啟發而寫的。至於朱元璋的六諭，據說又是抄自朱熹在福建漳州當官時向老百姓宣傳的箴言（張哲郎 *Local Control in the Early Ming*），此處不贅。

進一步，我們舉明代講鄉約的一個場面，以看出上述清代宣講康熙《聖諭》形式的來源。嘉靖癸丑進士羅汝芳在其所著《近溪羅先生鄉約全書》，載有嘉靖四十二年三月經撫按兩院批准《寧國府鄉約訓語》，其中說：「……一、木鐸老人每月六次於申明等亭宣讀聖諭，城中各門、鄉下各村，俱擇寬廣寺觀為約所，設立聖諭牌案，令老人振鐸宣讀以經警眾聽。如半年以後果有遵行聖諭，為眾所欽仰者，每約各舉一二人以憑旌賞。一年後約中猶有違約作非者，公舉之以憑懲戒……一、同約父子兄弟各須仰體聖諭，敦孝友、務和睦，士農工商各勤職業，舊染污俗，咸共維新……一、遇約期巳刻，約眾升堂，俱端肅立班，侯齊集贊者唱排班，班齊復唱宣聖諭木鐸從傍振鐸高聲云皇帝聖諭孝順父母六句畢鞠躬拜、興、拜、興、拜、興、拜、興，拜、叩頭、興，平身分班鞠躬，拜、興、拜、興，平身如常會只唱揖、平身，設坐各置坐具，各就坐坐定。歌生進班歌生依次序立於堂中，揖、平身，分班歌生分立兩行。設講案具案於中鳴講鼓擊鼓五聲初進講講者出班就講位。皆興、揖、平身講孝順父母、尊敬長上二條演畢。揖、平身講者退就班皆坐聲歌歌生司鼓磬者各擊三聲，班首唱詩歌南山之首章。歌畢復擊鼓磬各三聲。進茶具進茶畢。再進講講者出班就講位。皆興、揖平身講和睦鄉里教訓子孫二條演畢揖、平身講者退就班。皆坐聲歌擊鼓如前。前班首唱詩歌南山之二章畢。唱詩歌南山之三章畢。擊鼓磬如前。進茶具進茶畢。三進講講者出班就講位。皆興、揖、平身講各安生理毋作非為二條演畢。揖、平身講者退就班。皆坐聲歌擊鼓磬如前。班首唱詩歌南山之五章畢。擊鼓磬如前。進茶具進茶畢。皆興、揖、平身，禮畢在約諸人仍以次揖謝，有司及諸鄉宦倘各約有門爭犯約者，即時具白解和，各相揖讓，不許置酒食，如無事解和即散。」

請看清代宣講聖諭的形式與此不正是有同工異曲之妙嗎？不但在宣講儀式上是清承明制，而且在詮釋聖諭方面，明人也是清人的榜樣。明代也有專門闡釋聖諭六言的著述，如在正德年間或其先後，就有一部重刻的《聖訓演》行世。這部書今已不存，但從馬理（正德甲戌進士）所寫的《聖訓演序》，我們知道這本書有三卷，九十餘頁，先是西安郡齋刊行，後又由涇陽知縣李引之重刊。書中有巡撫王恕之註，有司寇許瓚之讚，又由御史唐錡附以古今嘉言善行，所以取名為「演」。所謂「演」其實就是詮釋。這是專門著作，內容較豐富。這樣的著述並非僅此一部，萬曆年間郭子章也編過，據其〈聖諭鄉約錄序〉說：「萬曆丁亥豫章都御史魏公上封事，其一曰：……明德義無如行鄉約，講習高皇帝聖諭六事……上復下其議各省直，令督學官勤率郡縣有司，著圖說編俚詞，俾閭巷士民易遵循。子章承乏三川，思亡以稱上意指，乃首刻聖諭六條，次三原王尚書註（此註當就是上述《聖訓演》王恕之註，大約在當時很流行），先師胡廬冊先生疏，並律條勸誡為一卷，次朱文公增定藍田呂氏鄉約為一卷，敬書今上諭、魏沈二公疏冠於篇首，題曰聖諭鄉約錄。」

當然也有較簡單的解釋本，如在上述《近溪羅先生鄉約全書》中，對於朱元璋聖諭第一條孝順父母「演曰：人生世間，誰不由於父母，亦誰不曉得孝順父母。孟子曰，孩提之童，無不知愛其親者。是説人初生之時，百事不知，而個個會爭着父母抱養，頃刻也離不得，蓋由此身原係父母一體分下，形雖有二，氣血只是一個，喘息呼吸無不相通。況父母未曾有子，求天告地，日夜惶惶，一遇有孕，父親百般護持，母愛萬般辛苦，十月將臨，身如山重，分胎之際，死隔一塵，得一子在懷，便如獲個至寶，稍有疾病，心腸如割。見兒能言能走，便喜歡不勝，人子受親之恩，真是罔極無比，故曰你即是天，母即是地。人若不知孝順，即是逆了天地，絕了根本。豈有人逆了天地，樹絕了根本而能復生者哉……」這裡所錄只是羅氏所「演」——即闡釋——的一半，這一條共演為四百一十一字。當然還有分量更輕的，如鄭明選寫有《聖諭碑粗解六條》，就很簡單。對第一條的解釋是：「今人莫不自愛其身，然此身從何長大？皆是父母萬般辛苦中鞠養得來，若無父母便無此身，如何不孝順？夫所謂孝順者，不止服勞奉養之事，最要學做好人，保全父母所生之身。一不學好，被傍人一言笑罵，被官府一杖刑責，辱及此身，便為不孝，不消打爺罵娘，不肯供養，才為不孝。凡我百姓，但思想身所來，則孝心自生矣。」

即使清代《聖諭像解》這樣的書在明代也有源頭。西安碑林中就有一幅《聖諭圖解》，為萬曆十五年所刻，內容是以圖文並茂的方式將朱元璋六諭表現出來。圖有六幅，文則六節，為的是讓老百姓能一目了然。作者是當時任陝西等處茶馬監察御史的鍾化民。

進而言之，就在明代，演繹聖訓也與勸善儆律的教育緊密相連。如據方揚所著《鄉約示》云：「照得鄉約之設原以勸善懲惡助守為理，責至厚也……除朔望齎善惡文簿，赴州投見外，每月初二、十六查集鄉民講明聖諭，雜以為善陰騭、為惡陰報等言，令其通曉，仍申以孝弟之義，儆以律例之條，利害並陳，禍福具列，即鄉鄙小民，目不知書，口不道舊，亦將聞言醒心，赤面汗背，善者固能自信，惡者變必自新。是約正副之責塞，而助守為理之效行也。」可見清代詮釋《聖諭》的著作與法律與善書相結合乃是淵源有自，並非獨創精神的產物。黑格爾言中國無歷史，雖以歐洲中心主義視中國，然亦非全無道理也。

十二、結語

我在〈假如齊國統一天下〉一文中曾說，秦文化有三個主要特徵，即中央集權、重農抑商與文化專制。又說，秦雖二世而亡，但秦文化貫穿了中國兩千年的封建社會。秦的文化專制表現在嚴密控制老百姓的思想，所以有焚書坑儒的舉動。後世的統治者效法秦制，一樣箝制人民的思想自由。但控制的程度歷代有所不同，總的趨勢是越來越嚴密。兩漢時候，行政上的中央集權基本上只到縣一級，縣以下有自治的空間，鄉間教化主要靠三老執行，直到宋代呂氏提倡鄉約，遂建成守望相助、禮俗相交的契約性基層教化組織。在這一歷史過程中，平民百姓的思想自由沒有一定空間。但到明代，這種情況發生變化，明太祖的六諭成為講鄉約的重點，思想控制向基層不斷延伸。至明後期，鄉約內容都以明太祖聖諭為先。但也有的鄉約所講雖以此聖諭為主要內涵，但約中並未正式提及，如王陽明著名的《南贛鄉約》就是如此。到了清代，思想控制又有進一步發展，講約已不止是老百姓自我教育的行為，而且也是官吏的政治行為，而自康熙《聖諭》與雍正《聖諭廣訓》相繼發佈以後，其內容與對其所作的詮釋，基本上就成為講約中最主要的思想資源。當然與之相應，在行政上，中央集權制也往下延伸為保甲制，自治的空間已經近乎消失。

康熙《聖諭》與雍正《廣訓》實際上就是一種行為與思想的規範化戒律，任何人的一言一行都要中規中矩，不得亂説亂動。這種思想控制並沒有隨時代的前進而放鬆，直到晚清西力東漸以後，每月朔望宣講《聖諭廣訓》的活動依然照行不誤。雖然十六條聖諭的內容在封建社會中有其合理性，尤其是對於治理國家、穩定社會起着一定的作用，但在另一方面，卻窒息了自由活潑的思想，使得全國只有一種聲音，沒有對立意見。思想的窒息等於社會活力的喪失，一切新鮮事物的接受都要受到阻礙，這就是中國近代以來始終落後的根源之一。康熙《聖諭》並非清代偶然的產物，而是前此歷代最高統治者教育控制子民的典訓誥謨的直接繼承物，這些典訓誥謨對中國社會所產生的影響，歷來不大引起注意，本文主要是羅列種種與康熙《聖諭》有關的文化現象，目的是給治文化史與思想史的學者提供一些素材，至於深入的剖析恐怕還待時賢。

一九九八年六月一稿，一九九九年五月五稿，而後於同年十月發表於《學術集林》第十六卷；其後又於二〇〇〇年六月修改，之後每年均有增補，二〇〇六年三月作為《聖諭廣訓——集解與研究》一書的前言，同年八月再增補，二〇一五年二月改定稿。

作者簡介

周振鶴，一九四一年生，歷史學家，復旦大學特聘資深教授、博士生導師，社會兼職有全國古籍整理出版規劃領導小組成員、上海文史研究館館員等。主要研究領域為歷史地理、文化地理、地方制度史，並旁及文化語言學、語言接觸史的研究。

已出版研究專著《西漢政區地理》、《體國經野之道》、《中國地方行政制度史》等，合著《方言與中國文化》，編著《上海歷史地圖集》，並有論文集《周振鶴自選集》、《學臘一十九》、《長水聲聞》，發表學術論文一百餘篇。

著述年表

專著

1《方言與中國文化》（與游汝傑合作），上海：上海人民出版社，一九八六年；繁體版，台灣：南大書局，一九八八年；修訂版，上海：上海人民出版社，二〇〇八年；修訂二版，上海，上海人民出版社，二〇一五年；日文版，日本光生館，二〇一五年。

2《西漢政區地理》，北京：人民出版社，一九八七年。

3《體國經野之道》，香港：中華書局，一九九〇年；簡體版，上海：上海書店出版社，二〇〇九年。

4《中國歷代行政區劃的變遷》，北京：商務印書館，一九九八年。

5《中華文化通志．地方行政制度志》，上海：上海人民出版社，一九九五年。

6（更名）《中國地方行政制度史》，上海：上海人民出版社，二〇〇五年。

7《中國地方行政制度史》，修訂版，上海：上海人民出版社，二〇一四年。

8《中國行政區劃通史．總論》，上海：復旦大學出版社，二〇〇九年。

9《中國歷史政治地理十六講》，北京：中華書局，二〇一三年。

論文集

1《周振鶴自選集》，桂林：廣西師範大學出版社，一九九九年。
2《逸言殊語》，杭州：浙江攝影出版社，一九九八年；增訂版，上海：上海人民出版社，二〇〇八年。
3《學臘一十九》，濟南：山東教育出版社，一九九九年。
4《長水聲聞》，上海：復旦大學出版社，二〇一〇年。
5《耦耕集》（與游汝傑合作），桂林：廣西師範大學出版社，二〇一四年。

學術隨筆集

1《隨無涯之旅》，北京：生活·讀書·新知三聯書店，一九九七年。
2《中人白話》，上海：華東師範大學出版社，二〇〇一年。
3《智術無涯》（與張隆溪、葛兆光合著），天津：百花文藝出版社，二〇〇二年。
4《知者不言》，北京：生活·讀書·新知三聯書店，二〇〇八年。
5《餘事若覺》，北京：中華書局，二〇一二年。

整理校點註釋影印

1《王士性地理書三種》，上海：上海古籍出版社，一九九三年。

2《五岳游草．廣志繹》，北京：中華書局，二〇〇六年。

3《漢書地理志彙釋》，合肥：安徽教育出版社，二〇〇六年。

4《運書日記》，北京：中華書局，二〇一三年。

5影印《國故論衡》先校本，北京：商務印書館，二〇一五年。

主編撰集

1《中國歷史文化區域研究》上海：復旦大學出版社，一九九七年。

2《上海歷史地圖集》，上海：上海人民出版社，一九九九年。

3《聖諭廣訓——集解與研究》，上海：上海書店出版社，二〇〇六年。

4《晚清營業書目》，上海：上海書店出版社，二〇〇五年。

5《中國行政區劃通史》（十三卷），上海：復旦大學出版社，二〇〇七—二〇一六年。

叢書及會議文集主編

1《明清之際西方傳教士漢籍叢刊（第一輯）》，南京：鳳凰出版社，二〇一三年。

2《晚清來華傳教士傳記叢書》，桂林：廣西師範大學出版社，二〇〇四年起。

3《晚清來華外交官傳記叢書》，桂林：廣西師範大學出版社，二〇〇八年起。

4《晚清稀見中外關係史料叢書》，桂林：廣西師範大學出版社，二〇一三年起。

5《跨越空間的文化》，上海：東方出版中心，二〇一〇年。